留法三剑客

——吴冠中、朱德群、赵无极

闵捷 ◎ 著

人民出版社

出　　品：图典分社
策划编辑：侯俊智
责任编辑：刘　佳
装帧设计：胡欣欣
责任校对：苏小昭

图书在版编目（CIP）数据

留法三剑客：吴冠中、朱德群、赵无极 / 闵捷 著 . —北京：
　人民出版社，2019.7
ISBN 978－7－01－020556－4

I.①留…　II.①闵…　III.①画家－人物研究－中国　IV.① K825.72

中国版本图书馆 CIP 数据核字（2019）第 051698 号

留法三剑客

LIUFA SANJIANKE

——吴冠中、朱德群、赵无极

闵　捷　著

人民出版社 出版发行

（100706　北京市东城区隆福寺街 99 号）

北京汇林印务有限公司印刷　新华书店经销

2019 年 7 月第 1 版　2019 年 7 月北京第 1 次印刷

开本：710 毫米 ×1000 毫米 1/16　印张：13.5

字数：170 千字　插页：10

ISBN 978－7－01－020556－4　定价：45.00 元

邮购地址 100706　北京市东城区隆福寺街 99 号

人民东方图书销售中心　电话（010）65250042　65289539

《扎什伦布寺》，1961 年（香港艺术馆提供）

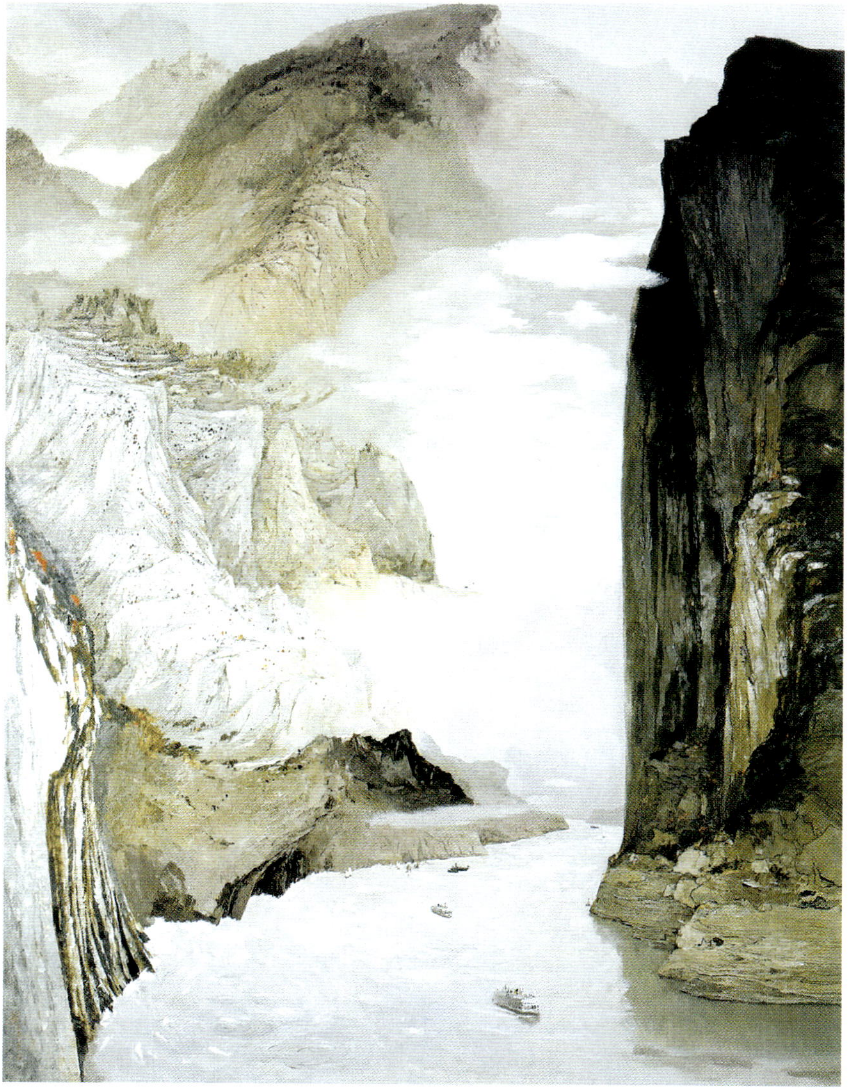

《长江三峡》，1977年

《双燕》，1981 年（香港艺术馆提供）

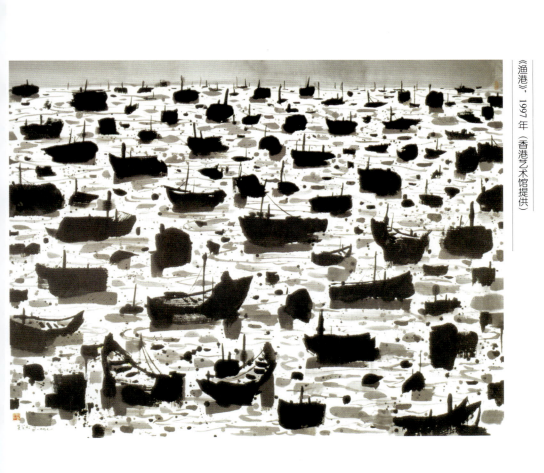

《渔港》，1997 年（香港艺术馆提供）

《苦瓜家园》，1998 年（香港艺术馆提供）

《卢森堡公园》，1955 年（朱德群夫人董景昭女士提供）

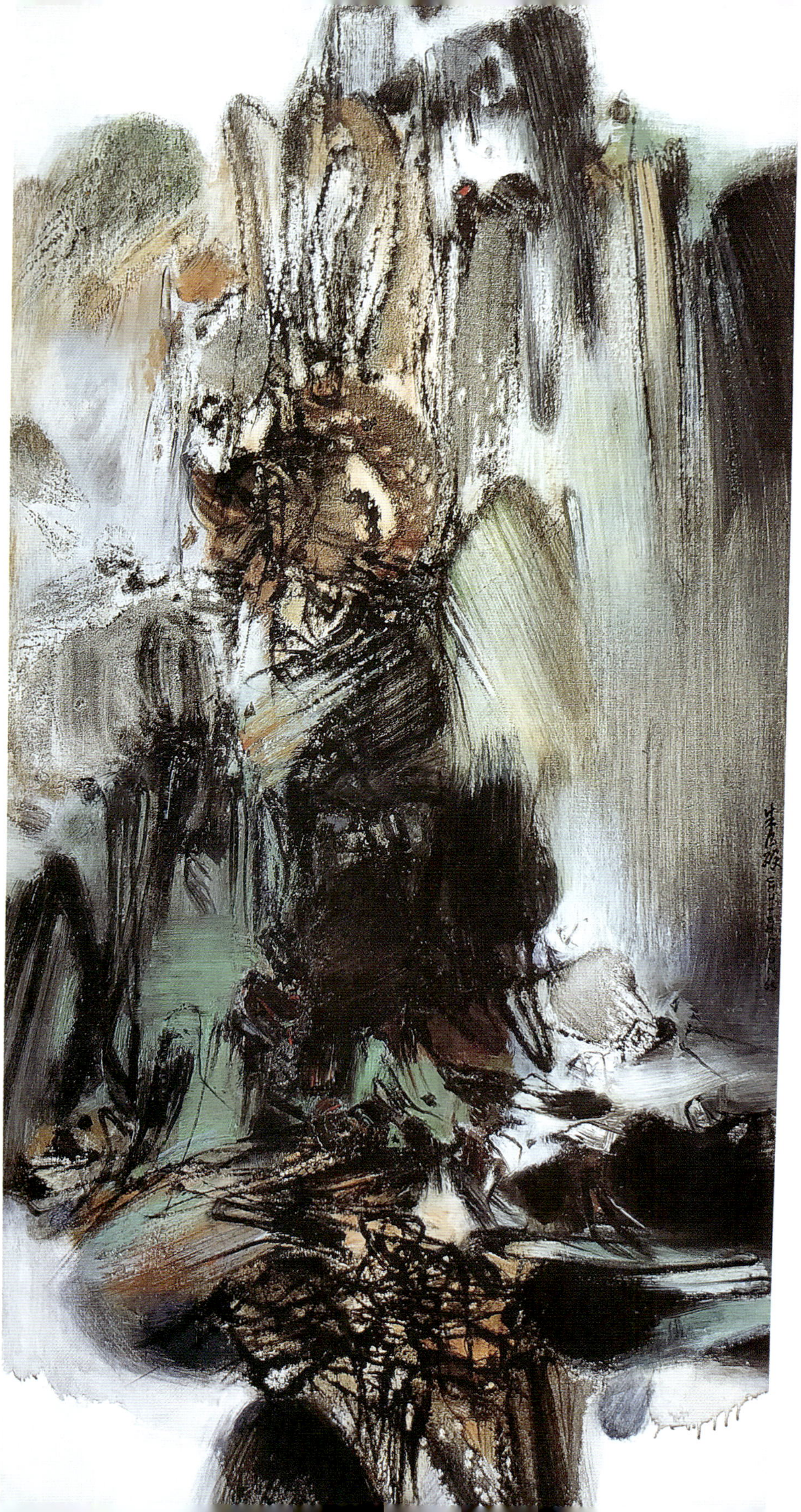

《源》，1965年（朱德群夫人董景昭女士提供）

《冬之光》．1989 年（朱德群夫人董景昭女士提供）

《向克劳德·莫奈致敬——三联画，1991年2月—6月》，1991年（法国赵无极基金会提供）

《向我的好友亨利·米修致敬——三联画，1999年4月—2000年8月》，2000年（法国赵无极基金会提供）

20 世纪 90 年代作品（法国赵无极基金会提供）

目 录
CONTENTS

序言 湛湛露斯，悠悠我心

许 江

《诗经·湛露》曰："湛湛露斯，匪阳不晞。厌厌夜饮，不醉无归。"

湛湛，形容精深、浓厚；厌厌，一副安乐的样子。短短的四言诗，充满连续的否定句式。浓浓的露水哟，不见太阳晒不干；欢乐的夜饮哟，酒不喝醉人不归。这首乐歌充溢着音韵的谐美，"湛湛""厌厌"与句尾的脚韵构成回环反复的如歌之声。

这是赞美人生的乐歌！燕过雕梁，月渡银墙，多少雨露，多少清风，在阳光雨露浸润中，万物不醉无归。"湛湛露斯"在哪里？"在彼丰草""在彼杞棘"，在于"其实离离"。多少回，看吴冠中、赵无极、朱德群三位先生的合影，我总会想到果实累累、沧桑茫茫，"湛露"正是这些艺者人生的写照！

2018 年是中国美术学院建校九十周年。在众多的追怀和纪念之中，吴冠中先生、赵无极先生、朱德群先生作为中国美术学院学谱中第二代的代表是最令人难忘的。这不仅是因为他们具有世界性的声誉，这种声誉一方面凝结着中国美术学院创建之初林风眠、吴大羽那一代名师的学术理念与理想，另一方面还昭示着东方艺者扎根文化沃土、放怀当代世界的崛起之路；这也不仅是因为他们的人生中所共同经历过的传奇，这些分分合合、断断离离的传奇不是每个时代、每个人都能遭遇的；这特别是因为他们三人的艺术生涯与中国美术学院的血脉编织在一起，在20世纪的中国艺术教育的版图上如此清晰地刻录了一个时代的文化悲欣，一代人的离离沧桑。

三位先师中，我与赵无极先生最早认识。1985年春，正是在那次广为人们所提及的浙美赵无极短训班上，有幸跟随先生一个月。其时我是作为工艺系的青年教师入班学习的。因我女儿出生不久，每天到校都有些迟，连着两天开门的竟然都是赵先生。记得当时他问明迟到原因，喃喃自语地说："中国学生的家庭负担挺重哦！"隔了一周，先生到苏州参观回校，正值创作一张女人体油画的第二天，赵先生看了我的画高兴地说："你对色彩很敏感，想学鲍纳（米开朗基罗），胆子要大！"接着在画面上直接用钴蓝和柠檬黄画模特坐在垫上的图案。这张画赵先生改得较多，后来就留在系里。但赵先生鼓励的话却永远铭刻在我的心中。一个月的短训结束，学校在陈列馆举办汇报展，前言由我执笔。短短数百字，倾尽学子的崇敬。记得当时还有人抄录前言，可惜原稿没有留下来。开幕式在晚上举行，旧友新朋，人群熙攘，学校应赵先生要求，把当年的教务长林文铮先生以及庄华岳先生等当年他的老同学请来。席间赵先生开心得像个孩子，指着林先生说："他以前老批评俄。"（赵先生总是把"我"读成"俄"，现在想起来格外亲切啊！）林先生其时从劳改农场回来并没几年，却从容不迫地回答说："不是批评成才了吗？"那晚代表学员发言的也是我。记得发言的尾声，我高声诵读："巴黎—杭州，我们—赵无极。"

1989年春，我和章晓明、孙景刚在巴黎聚合，由黄河清联系，到赵无极先生家中看望了他。1998年年底，"赵无极绘画六十年回顾展"在上海博物馆隆重举行。法国驻沪总领事郁白先生（Nicolas

Chapuis）在官邸举办大型招待晚宴。晚宴上，我代表郁白先生请来了当年短训班的几位学员和赵先生的几位老同学，并向赵夫人弗朗索瓦女士送上当年班上以她为模特所画肖像的复制品。老树苍郁，秋竹环绕，在夕阳的辉映之下，赵先生笑开了花。

又三年，暮春时节。赵先生来信联系，要到杭州来。其时他带来一位法国作家，他要为赵先生写传，赵先生专为导览湖畔罗苑旧址。坐在当年罗苑二层的阳台上，赵先生无比陶醉。湖水伸手可及，远山只若烟玉。泪点难消，我从他晶莹的目光中，读到他的画作中飘忽的烟云，读到湖山深处的眷恋。当晚他执意要到我的工作室看我的新作。当时我正在画老城市系列，他在鼓励我的同时，觉得画中用油不足。他急切地想表达他的意思。我递给他一块画布，他指尖轻点，用手蘸上油在调色板上调了调，就轻轻地抹在画布上。那手势犹如轻抚一片古锦，又若抹过一片烟云。时至今日，我都珍藏着这块画布。记取相思，聆教铁石，此画布之于我只若造物者之无尽藏矣！

我与吴冠中先生的来往最多，相交也最深。1998 年，学校七十周年校庆，系里将吴冠中先生、苏天赐先生、闵希文先生都请了来。记得吴先生带着师母前来辞行之时，我正喝了点酒，全身透红。吴先生盯着我说："你这个人爽直，浑身通透。"吴先生这番直言，让我自诩自乐了多年。2006 年，我的"远望"大型个人画展在中国美术馆举办。开幕那天，吴先生来了，但因人多拥挤，没有观展就离开了。第二天，他专程前来，我因事不在，高士明等人陪同，看了近两个小时，逐一点评，畅快淋漓。翌日，我赴吴先生家中当面求教。这是我一生中受益最丰的一次谈话，其中有一段令我终生难忘：

> 现在我认为一切艺术应该趋向于诗，诗包含了音乐的境界，文学的内涵，这里不是指文学性的绘画，而是

指绘画本身所有的诗性内涵。诗是控制艺术的，一切艺术的感人源于诗性的力量。在我看来你的画是在往诗和思方面探索的。这种诗性又是极朴实的。在初中的时候，我接受丰子恺的作品，觉得有生活情调，有亲切感；进入国立艺专后，瞧不起他了，觉得太简单。那么转了一大圈，现在再看丰子恺的画，仍然觉得是好的，充满童真和天趣。丰子恺是大师，大师是慈母，大师是人类灵魂的母亲，他们的作品里总有亲切动人的东西。我觉得你的画中有这种东西，很难得很难得。看你的画，感触颇多，以你的社会工作，总以为应该坐在宝马车里，在机场来回跑个没完。但是，你却始终不放弃画笔，更难能可贵的是，你的画中总有一份沧桑感。好像是在高山上遥望，看过去的沧桑，看遥远的沧桑，这与你的年龄不相符，你的追求是在揭露人生的本质，有点苍凉森然的感觉。你所展览的是有研究性的作品。大厅里的《向日葵》，要拉开适当的距离看。近距离看，画得筋骨出来了；远一点看，血肉不足。《云水间》的黑白大效果出来了。有几幅要近看才出这个效果，远一点看就有不足。

在那天的对话中，吴先生谈对艺术教育的忧心，谈对母校的远怀，谈绘画的中心如噎的体验。核心是诗、是"象"，是绘画之时心中所想的东西。这个东西源于生活，又得益于积累；既万不得已，又师心独见。它是一个充实饱满的中介，将艺术的行为凝结在一起。以意体象、以意塑形、以意命笔，从而浑成一个真实感人的艺术世界。后来，我将吴先生的理念梳理出来，归结为"象论"。2006年秋，吴先生应故宫之邀，在故宫午门举办大展。展览中我第一次读到曾任杭州艺专校长的陈之佛先生于 1946 年用蝇头小楷抄录的吴先生的试卷，心中升腾起一份天上人间的敬意。下午在故宫深院中举行了研讨会，我的发言是上半场的最后一个，题目是《大象无居——浅谈吴冠中先生"象"论》。据说我的发言是应吴先生的要求提前的。中场休息后，吴先生因身体原因回家了。吴先生的这份厚望，这份期待，久久地温暖我的心。

2010 年早春，朱德群先生大型回顾展在中国美术馆隆重举行。吴冠中先生不仅前来祝贺，而且观展近两个小时。这个展，朱先生因病未能前来，吴先生却格外地为老友高兴。他带着我从一个厅赶到另一个厅，从一张画评点到另一张画。他指着一张大画说："我喜欢"，并详细地陈说喜欢的理由。他又指着一张竖轴悄悄地说："如果可以偷的话，我会偷这一张。"吴先生完全沉浸在超然的观赏境界之中。我感受到他发热的身躯，我感受到他回返少年的忘怀，我觉得他带着我观展就像一个大孩子领着一个小孩沿着山坡奔跑。这一幕，不正是《诗经·湛露》中的"不醉无归"之境吗？

吴先生对母校一往情深。2008 年，我们在杭州的中国美院美术馆为吴先生举办画展，原先构想的题目是"东西冠中"，吴先生不同意，遂更名"我负丹青"，并题赠"母校万岁"。翌年，浙江美术馆落成，吴先生决意将最后几年的作品捐赠给母校和浙江省，由浙江省美术馆永久收藏。"君子于役，不知其期。"接到吴先生这番表示的电话，我正在赴象山校区参加美院附中八十周年纪念大会的路上。当我把这个好消息在大会上宣布时，全场雷鸣般的掌声持续很久。当时的浙江省省长吕祖善先生为表达敬意，于 2010 年初春专赴吴先生家中探望。临行，吕省长代表省里对吴先生的慷慨捐赠再次致谢。吴先生腼腆地小声对我说："吴大羽先生生前曾说，怀有同样心愿的人，是不说再见的。"大约三四个月之后，吴先生辞世。噩耗传来，我在画

2018年4月本书作者到杭州，拜访中国美术学院院长许江

室静默良久，之后召开新闻发布会，称吴先生为中国美术学院的一面学术旗帜，并将吴先生传达的吴大羽先生的话作了凝练。第二天，半个中国的报纸纪念吴先生的艺术人生，标题俱是：怀同样心愿者，无别离！

"星沉海底当窗见，雨过河源隔座看。"三位大家名师的生平与母校情深，历岁月日隆，越来越受到广大青年的关注。作家闵捷二十载搜寻三位大师人生交结的每一块拼图，生动地还原中国近代艺术史上的一段佳话。值此书出版之际，应闵女士之邀，我写下这篇小序。对于中国的近现代艺术，他们是横站在中西之间的拓荒者，以非凡的努力与成果，创就东西文化的振兴与时代的高度。对于中国美院的学术脉络，他们是一组永远飘扬的旗帜，以"青青子衿，悠悠我心"的学术深情，铸就这条学脉普世关注、深耕历练的传奇。对于他们自己和亲人学生们，他们是至性、至情的赤子，以朴实的生命交织谱写一阕远望当归、长咏如噎的命运诗篇。谁念西风，只道寻常，沉思往事，始知忆深。在纪念中国美术学院建校九十周年之际，我把藏在心中的大师记忆写出来，缀成这篇小文，献给中国美术学院的代代先师。

怀同样心愿者，无别离！

2018 年 6 月 15 日

（作者系中国美术学院院长）

自序 二十载搜寻每一块拼图
还原艺术史上一段佳话

一

这是一个令人感动的故事，这是近一百年来世界艺术史上由三位师出同门的华人画家用一生的艺术实践创造的一个传奇。

20世纪四五十年代，同样出自杭州艺专校长、中国现代艺术之父——林风眠门下的三位青年画家，怀揣着艺术梦想，先后远渡重洋来到巴黎，学习西洋绘画艺术。他们就是被称为"留法三剑客"的吴冠中、朱德群、赵无极。60多年后，他们终于在"艺术的山顶"再度聚首——分别从东西两侧向上攀登，一路将东西方文化融合贯通，各自探索出一条中西融合之路，成为当代世界美术史上声名赫赫的三位大家。

吴冠中回国后屡遭波折，人们一直很关心他是不是后悔当初的选择。吴冠中晚年在回答一位后辈直言不讳的提问时真诚地说："我不后悔，那些苦难是时代造就的苦难，是难得的苦难，而艺术就是在苦难中产生、升华。我真的不后悔。"不同于吴冠中"苦行僧"式的修道，朱德群更像一位所向披靡的"武士"，而赵无极则文如其名，祖

吴冠中、赵无极、朱德群合影（由左至右）

父笃信道教为他取名"无极"，对他一生影响甚大。

　　三人的境遇虽然迥异，也都曾遭遇创作的瓶颈，但他们心中对艺术的执着和献身精神始终没有丝毫动摇，终其一生都过着非常简单而淳朴的生活——绘画，出新；再画，再创新——周而复始，一辈子在这两件事上乐此不疲。他们的友谊也始终没有中断。后来吴冠中几次去巴黎，三人都要见面小聚，朱德群更是每次都全程陪同。朱德群、赵无极回国办个展，吴冠中也是忙前忙后。2010 年 3 月，"旅法画家朱德群回顾展"在北京中国美术馆开幕，年逾九旬、身体已相当羸弱的吴冠中被人搀扶着看了展览，那是他最后一次在公开场合露面。预感到自己已来日无多的他说："我要跟老友朱德群的作品告别。"他还为老友展览带来贺词一首："苦耕耘，九十春秋。心，沉于艺海；光，照耀寰宇。"话由心生，这何尝不是他自己一生的写照和概括呢？3个月之后，91岁的吴冠中默默走完了他的人生之路，其波澜起伏的丹青之旅也画上了句号。

"一个人在青春期企望的，老年便得到丰收。"这是一则古老的欧洲格言。吴冠中、朱德群、赵无极三位艺术大家，用他们一生对艺术的孜孜以求，印证了这句格言。如今他们三人的作品被世界各地的博物馆收藏，作品在世界范围内巡回展出。在香港、北京的艺术品拍卖会上，他们作品的拍卖价格也频频创出天价。而在这些荣耀的背后，他们始终在锲而不舍地探索中西方文化融合的路径。吴冠中曾说，他总是想象在他的作品前站着两个观众：一个是西方的大师，一个是普通的中国人。他希望创作出既能得到大师首肯又能得到国人认同的作品。这一点他做到了。朱德群、赵无极虽然身在法国，但始终没有丢掉中国绘画的精髓，也从未停止从祖国深厚的文化根基中汲取养分并创造性地融汇到自己的创作中，所以，他们创作的油画作品虽然是抽象的，西方观众和艺术评论家还是从中看到了东方意蕴。他们三人的作品让世人见证了：中西融合，这是一幅何等美妙而绚丽的画卷！

二

要说我什么时候开始想写"留法三剑客"的故事，还得从1994年我第一次采访吴冠中说起。

1994年7月的一天，我采访了刚刚从巴黎举办个人新作展归来的吴冠中。那一年，他75岁，看上去精神矍铄，穿了一件月白色的绸衫，一双松紧口的黑布鞋，恬淡舒适，不经意间勾勒出他的淡泊人生。1919年出生的吴冠中，20世纪40年代留学巴黎，1950年回国后，一路坎坎坷坷，80年代再访巴黎，"仿佛又回故乡"。1993年11月他三访巴黎，带去了个人新作展。他回国后，我采写了《吴冠中三度巴黎行》的新闻稿，对海外播发后，香港《文汇报》《大公报》等多家报纸全文刊登。从此开始了与这位艺术大师的交往。但是真正想写"留法三剑客"的故事，还是1997年他的老同学朱德群回国办展。

1997年5月，吴冠中的好友、旅法画家朱德群要回国办个人画展。对于这位把他引进艺术之门的挚友，吴冠中非常热诚，并不辞辛苦地张罗着。那次画展是朱德群五十年来第一次在国内举办个人画展，所以相当隆重，展出了一批非常有分量的作品。吴冠中把画展的消息告诉我，我在画展开展之前分别采访了吴冠中和朱德群。那是我第二次到吴冠中先生家，并且走进了他的画室，当年为他拍的照片也用在了本书中。

5月26日那天，美术馆里人头攒动，前来观看朱德群画展的嘉宾和观众达800多人。我在开幕式之前在贵宾休息室里第一次见到了朱德群先生和他的夫人董景昭。朱先生身材高大，西装革履，看上去有些威严，其实却为人诚恳、谦逊有加。景昭女士则优雅知性，很有亲和力。采访就在那里进行，直到开幕式正式开始。朱德群的蓝色系巨幅重彩意象山水画，给我的印象极其深刻。我能感受到他压抑在内心的巨大热情，犹如火山喷发之初时被巨大的神秘力量压抑之下，隐隐露出绚丽的曙光。应该说，朱德群是一位灵魂画家，他在画里的探索时常透露出一种隐隐的乡愁，这份东方式的乡愁令人心生感动。他的画作中洋溢着丰沛的热情和生命力，因而能产生巨大的气场。

就是在这个时候，我有了想写"留法三剑客"的想法，这是距今整整20年之前了。

第一次看到赵无极的画是1999年，他回国在中国美术馆举办六十年回顾展，很多展品是超大幅的油画。首先感到的是他压人的气势，画面洋溢的澎湃激情，让人内心感到强烈的震撼。虽然是抽象的作品，但能让人感受到画家已深入到大自然的隐秘处，探索到美的真谛。"不复制自然而再现自然"，这是他的创作理念，在经过多次自我否定的痛苦历程之后，他找到自己独特的表达方式。他一生致力于倾吐"心中的绘画"，认为画家要用画来说话，坚持"画家说得越少越好"，好的作品必须要与观众进行心灵沟通，由世人评说。正如法兰西学院首位华裔院士程抱一所说："他开始了激动人心的长期探索，并吸取了西方艺术的伟大之处。与此同时，他也发现了东方文化的精彩。"

三位现代画坛巨匠的超凡艺术造诣和长达半个多世纪的友情，给我留下了深刻的印象。于是，我开始收集各种有关"留法三剑客"的材料和书籍，并先后到北京、杭州、上海、香港、巴黎实地寻访，收获颇丰。2012 年 12 月，我完成了《"留法三剑客"演绎画坛传奇》，

1997 年 5 月，本书作者在吴冠中家中合影

刊登于文学期刊《钟山》2013年第3期上。同年7月，《新华文摘》全文转载了这篇纪实文学，产生了很大反响。

2014年12月，我被派驻到位于香港的新华社亚太总分社，这里的艺术市场国际化程度更高，让我的视野更加开阔，也为我的写作提供了更丰富的资料。2016年夏天，香港"橙新闻"网站分8期连载了《"留法三剑客"演绎画坛传奇》，在当地产生一定反响，香港中和出版有限公司总经理陈翠玲女士和时任总编辑吕爱军也正是看到了这次连载才联系到我的。他们因为刚出了一本《永无坦途——吴冠中自述》反响很不错，所以对出版这本书也非常有兴趣，我们一拍即合。2017年年初的巴黎之行，我专程拜谒了朱德群夫人董景昭女士和赵无极基金会的扬·亨德根先生，以及巴黎赛努尔奇博物馆馆长易凯博士，得到他们的大力相助，在此一并表示感谢！这部分内容我在《寻梦巴黎——代后记》中有详细介绍。

1997年5月，本书作者在北京中国美术馆采访朱德群

1999年，本书作者在北京中国美术馆采访赵无极六十年回顾展

2017年10月，《留法三剑客》（繁体字版）在香港出版，在业界引起较大反响。香港中和出版有限公司在封面设计、书籍编排和装帧方面投入大量心力，在此对他们的出色工作表示诚挚的谢意！

2018年4月，适逢中国美术学院建院八十周年之际，我专程赴杭州拜见院长许江先生，聆听他对三位大师的追忆，受益匪浅。许江先生欣然应允为本书作序，不胜感谢。

当一切已成往事，当我们回首吴冠中、朱德群、赵无极这三位以"留法三剑客"并称的大师级人物的一生时，我终于理解了"真正的画家是活在后世的"这句话的真意，正如他们的老师吴大羽所说的："我不会完全死去。"

谨以此书，向三位大师致敬！

闵 捷

2018年11月20日

第一章　三十年代

遇见

I

江苏：家世迥异

不忘初心，方得始终。

——《华严经》

1919 年无疑是一个大时代的开始。1918 年刚刚结束的第一次世界大战，留下百废待兴的复杂却孕育着生机的世界新格局。1919 年的五四运动，使中国知识分子认识到只有高举"民主"和"科学"的大旗才能融入现代文明，认为"德先生""赛先生"能够驱除政治、道德、学术乃至思想上的一切黑暗。于是，中国在五四运动之后经历了一次思想大解放，新文化运动全面展开，整个社会逐渐将西方文化视为改造传统文化的良方。在历史和文化的新旧交替中，现代美术开始走入人们的视野。

自称"五四之子"的吴冠中，就出生于 1919 年，朱德群和赵无极都出生于 1920 年，正是在这样的时代大背景下，他们三人义无反顾地选择了坚守一生的艺术之路。

水乡黎明

　　江南水乡宜兴，少年吴冠中乘一条小船去无锡上初中。这是他第一次离开家乡出远门，在乡间小学做校长的父亲一路送他去无锡上学。父子俩默默无语，清晨的河面上升腾着一团水汽，河水在晨曦中泛着波光。

　　吴冠中是家中长子，很受母亲的宠爱和重视，下面还有 5 个弟妹。他个性倔强，两道浓密的粗眉里永远锁着一副不服输的神情。父

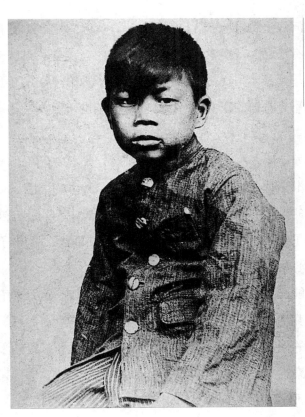

少年吴冠中

亲的辛劳、母亲的操持，他都看在眼里，默默地想用自己的肩膀替他们分担一点生活的压力。

20世纪30年代的中国，正是风起云涌的大变革时代。1919年的五四运动将新文化的火种在全国迅速传播开去，自然也影响到南方江南水乡的宜兴。吴冠中也在这样的文化氛围受到熏陶，他在学校里已经读过鲁迅的作品，少年的他有一颗敏感而热情的心，对外面的世界充满渴望。

父亲吴爌北是个循规蹈矩的乡村教师，生活的重压使他想让儿子将来有个衣食无忧的职业，不必一生辛苦却总是捉襟见肘。所以他一心希望儿子将来能在城里教书，即便自己节衣缩食，也要让下一代有个好的前途。

小船在河面上缓慢地前行，微风吹来，父亲想起给儿子带的行李里被子还没有缝好，就摸索着掏出带在身上的针线盒，取出被子缝补起来。由于母亲身体不好，连续的劳作损害了她的健康，中年的她虚弱到已经撑不起全部的家务，所以体贴的父亲也亲自做些缝缝补补的活计。

姑父撑着小船一摇一摆地在晨光中前行，吴冠中坐在船舱里，望着远处岸上渐渐远去的白墙黑瓦，水牛水车。故乡的记忆，深深地镌刻在他敏感的心绪中。这时，他望见了坐在船舱中专心缝补被子的父亲那弓着身子的背影，他拉线的姿势，他虚着眼睛纫针的样子，突然让他觉得很心酸。他忍住眼泪，把眼睛望向别处。

一定不能让父亲失望，他暗下决心，到了学校一定努力争取名列前茅，拿到奖学金，帮父亲分忧。吴冠中是个非常勤奋的好学生，经常考第一名的他，从来不用父亲操心。但他内心里压抑着的激情，却是父亲没有察觉的。他没有想到有一天儿子会毅然放弃这得来不易的大好前程，不顾一切地奔向艺术的怀抱。

晾 画

徐州萧县白土镇。每年梅雨过后的夏天，当地中医名家朱禹成家的院子里都会像摆龙门阵一样，朱老先生会把自己的藏画一箱一箱搬到院子里，少年朱德群帮着父亲把收藏的字画一排一排挂在绳子上，通风，晾晒。仇英、八大山人、石涛，这些古代名家的真迹，此时距离朱德群是如此之近，他仿佛能从那些精心描绘的山水中，穿越回那些久远的年代。

朱家在当地是名门望族，祖父朱汉山和父亲朱禹成是两代名医，又都酷爱书画，加上家道殷实，结交了不少当地的文化乡绅，也收藏了不少字画。父亲对这些字画视如珍宝，格外小心。朱德群是家中幼子，从小跟着两位哥哥在家里念私塾、练书法，到上小学时已经生得高大帅气，是学校里的篮球主力，他曾萌生上体育专科学校的想法，但遭到父亲的强烈反对。自幼喜爱书法、绘画的他，于是转而想学艺术，这下称了父亲的心意，他认为搞艺术是一辈子的事业，而且随着年龄和学识的增长，还能达到更高的境界。于是全力支持儿子去考杭州艺专。

一张明信片

出身银行世家的赵无极，童年是在江苏南通度过的。少年时代，他的一位叔叔从巴黎带回很多明信片，其中有一张是米勒的《晚祷》。正是这张小小的明信片，把赵无极引上了艺术之路。

赵无极的父亲是一位银行家，早年在北京工作，赵无极 1920 年出生在北京，是家中长子。赵家是宋朝皇族后裔，家世显赫。后因父亲调任上海工作，举家迁到南通。那时赵无极还不到一岁。赵无极的祖父是一位秀才，信仰道教，仙风道骨，并且喜欢收藏字画，赵无极5岁开蒙就开始跟着祖父学书法，并背诵唐宋诗词。幼年时期赵无极就已显露出对绘画的兴趣，并常常得到大人们的夸奖，他的绘画天赋因此得到肯定，这也令他引以为傲。后来他的一位叔叔留学法国，常常从巴黎寄回一些印有名画的明信片，特别是一张米勒的《晚祷》给他留下了深刻的印象。画面上一对法国农民夫妇站在洒满落日余晖的田野里，在远处教堂传来的晚钟声中虔诚地祷告。女人低着头双手合十放在胸前，男人摘下帽子，脚下是一筐刚挖出来的马铃薯和一只耙子，掀翻过的土地仿佛还散发着泥土的气息。这幅充满田原牧歌般诗情画意的欧洲写实油画，让幼小的赵无极看到了外面的世界和欧洲的艺术，从此心中充满向往。

米勒名作《晚祷》的明信片

杭州（一）：同学少年

> 从个人意志活动力的趋向上，我们找到个性；从种族的意志活动力的趋向上，我们找到民族性；从全人类意志活动的趋向上，我们找到时代性。
>
> ——林风眠

杭 州 艺 专

林风眠 20 世纪 20 年代留学法国，与徐悲鸿、刘海粟齐名，但艺术观点并不相同。他主张改革中国水墨画，赋予传统画新的面貌。在教学上，他尽量将最新的艺术潮流带进学校，不以学院派为主流。在他的带领下，短短数年，杭州艺专成为全中国最先进、最具影响力的艺术学院。

林风眠重视绘画时代性的特质，影响了杭州艺专的风格，印象派、后印象派、野兽派、立体派等风格都被教师带进了课堂。

林风眠曾说："一个艺术家应当有从一切自然存在中都找得出美的能力，所以他应当对一切自然存在都有爱慕的热忱。因为他是爱艺

留学时期的林风眠

术的，而艺术又是从自然中产生的。"他的这一思想，深深地影响了他的学生们。朱德群直到晚年仍然记得林风眠当年一句广为流传的名言："艺术的美，像一杯清水，使人清醒凉爽；像一杯醇酒，使人苏醒恬静；像人间一个最深情的淑女，使悲哀者得到慰藉。"

林文铮与林风眠既是同乡——都是广东梅县人，又是中学和大学校友，二人志气相投，形影不离。1928年林风眠创办杭州艺专，自然立刻想到聘林文铮来当教务长。林风眠、林文铮、吴大羽三位昔日在法国留学时的好友，便成了杭州艺专的"铁三角"——林风眠是校长，主掌全校工作；林文铮是教务长，是位作风严谨的教学管理者；吴大羽是西画系主任，是才华横溢的名师。林风眠在建校时期就提出了校训：整理中国艺术，介绍西方艺术，调和中西艺术，创造时代艺术。这个校训90余年来代代相传，一直沿袭至今，并结出丰硕成果。

改变命运的遇见

1936年夏天，杭州南星桥附近的一座军营里，几百名十五六岁的学生正在这里进行为期3个月的军训，他们分别来自浙江大学高级工业职业学校和国立杭州艺术专科学校预科。

操场上，个子矮小但一脸倔强的吴冠中排在队尾。身材高大但纯朴宽厚的朱德群站在排头。他们一个来自江苏宜兴的水乡，一个来自江苏徐州的古镇，一个学工科，一个读艺术，虽然排头和队尾是距离最远的，但每当首尾相接的时候，他们又是最近的。两位年轻人看上去是如此的不同，但他们有一点却非常一致，那就是内在的激情非常充沛，所以他们一见如故，每当排到一起的时候就有说不完的话。一来二去，两位年轻人就混熟了。机缘巧合，注定他们这个夏天在这里相逢，也冥冥中注定了吴冠中命运的改变。

军训之后，紧接着就是暑假了，家境贫寒的吴冠中这个暑假没有回家，也留在学校的朱德群就邀请这位新朋友到杭州艺专住上几天参观游玩。于是，吴冠中第一次踏进了西子湖畔杭州艺专的大门。

杭州艺专是1928年在蔡元培倡导下创立的，他还亲自推荐刚从法国学成归来的林风眠担任校长。杭州艺专独树一帜地推行西方当代绘画，即从印象派开始之后的西方绘画，它与推崇西方学院派绘画的北平艺专不同，强调从西方现代画派中汲取营养，当时在这里任教的吴大羽、刘开渠、潘天寿等都是名副其实的名师，他们课上课下给学生带来很多时代气息很浓的艺术观点，鼓励学生用自己的眼睛观察，注重个人感受，如此开放的教学氛围在当时的中国领风气之先。

蔡元培题校名"国立艺术院"

中国美术学院（前身即杭州艺专）

绿树掩映的杭州艺专校园里，摆放着一些现代感很强的雕塑作品，橱窗里展示着西方绘画大师的经典画作，同时也展有受过西方艺术熏陶的教师和学生的作品。

"我见到了前所未见的图画和雕塑，强烈遭到异样世界的冲击，也许就像婴儿睁眼初见的光景。"多年后吴冠中在他的自传《我负丹青》中这样写道："我开始面对美，美有如此魅力，她轻易就击中了一颗年轻的心，她捕获许多童真的俘虏，心甘情愿为她奴役的俘虏。十七岁的我拜倒在她的脚下，一头扑向这神异的美之宇宙，完全忘记自己是一个农家穷孩子，为了日后谋生好不容易考进了浙大高工的电机科。"吴冠中当即决定弃工从艺，投考杭州艺专。他说："朱德群影响了我的终生。"二人因此结成了终其一生的"生死之交"。

吴冠中的决定遭到了父亲的强烈反对，他觉得画画不是一个正经的职业，很难养活自己和家人。"当画家你会穷一辈子的。"他苦口婆心地劝儿子。吴冠中毕竟是个孝顺的儿子，他注意到父亲比自己离家的时候更苍老了，额头上、眼角上的皱纹更深了。想到自己刚考上浙江工科学校时父亲的兴奋劲儿，想到全家人含辛茹苦地为供自己读书而省吃俭用，吴冠中心里有些不忍。

但是被美诱惑的吴冠中还是无法拒绝艺术的召唤，他说："我已经打定主意，宁可穷一辈子，也要为自己的选择负责。"他义无反顾地投入了艺术的怀抱，自此他对艺术的热情一生没有改变。

在美丽的西湖边上，吴冠中与朱德群每天一起作画，形影不离。朱德群更是自告奋勇地当起了吴冠中的"小先生"，在他的帮助下，吴冠中顺利地考进了杭州艺专，不过他因为转专业所以比朱德群低了一班，但这并不妨碍他们在课余一起学习。二人以艺术结缘的友谊，从此相伴终生。

少年赵无极——艺专年龄最小的学生

1935 年，少年赵无极在父亲的陪同下从上海到杭州报考杭州艺专。当时他只有 15 岁，是第一次随父亲旅行。父亲自己也喜欢画画，并且声称曾经后悔当年没有学绘画。所以他对儿子选择学绘画是非常支持的，他自己也是位收藏家，而且是第二代的收藏家——他的父亲也喜欢收藏古画。

杭州艺专的考试是很严格的，考试的科目包括素描、水彩和美术史。那天考试的题目是给一座希腊雕像画素描，赵无极考得不错，顺利地进入杭州艺专读书，成了学校里年龄最小的学生。

1935 年，在杭州求学的赵无极（图片由赵无极基金会提供）

在一次二年级学生的作业展览上，赵无极的几幅彩色写生，在构图、色彩的把握和表现方面都有过人之处，引起了校长林风眠的注意。他看出这个学生是个可造之才，有发展潜力，因此特意关照任课老师吴大羽重点培养。此后发生的一件事，又验证了林风眠的惜才之心。

一天，在潘天寿主讲的国画课上，只钟情于西洋绘画的赵无极越听越不耐烦。这时正好潘天寿转过身去写板书，赵无极趁机一跃从窗户跳了出去。全班同学顿时哄堂大笑，等老师明白过来，自然十分震怒。这且不说，到了期末考试的时候，赵无极又潦草地画了一个大墨团号称"赵无极画石"，十分钟就提早交了卷。这让一向治学严谨的潘天寿觉得忍无可忍，立即以"目无师长、戏弄国画"为由要求校方开除赵无极。林风眠得知此事后从中调解方才化解了这一风波。赵无极从杭州艺专毕业后，林风眠又聘请他留校任教，并嘱他日后有机会一定要到国外深造。

恩师吴大羽

有一张广为流传的照片，画面上三位目光笃定的中国留法青年站在凯旋门前，中间的是林风眠，右边的是林文铮，左边的是吴大羽。他们三人是留法时期的同学，后来成了杭州艺专创办时的同事，更是三位核心人物——校长、教务主任和西画系主任。

在杭州艺专，西画系主任吴大羽也是备受学生尊敬和喜爱的名师之一。

他讲课的风格是循循善诱，善用比喻，振聋发聩。他不仅是一位画家，还是一位诗人和思想者，他的很多名言格局非常之大。比如他说："人类的艺术是相通的，用不到分东西，艺术是一种语言，只有

林风眠与林文铮、吴大羽（从左至右）

时代之别，没有地区之分。"他说："人们常说的东西方艺术结合，范围仍太小，太狭窄了……"，"中西艺术本属一体，无有彼此，非手眼之工，而是至善之德，才有心灵的彻悟"。

据吴大羽的学生后来回忆，吴大羽讲课有三个特点：第一，他强调画面的整体原则，"注重掌握大体"，他告诫学生"不必纠结细节，暂时忘掉细节，工作的胆子会大起来"；第二，他强调个人的感觉表现，他常说："画画最重要的就是感觉，对象的第一感觉很重要，能发现、能抓住、能表现感觉，便成功了"；第三，他强调展示每个人独特的个性，"要用自己的眼睛来观察，要从对象的感受出发来处理"。

吴冠中曾在一篇题为《吴大羽——被遗忘、被发现的星》的文章中回忆说，当年在杭州艺专，吴大羽的威望基于两个方面：一是他作品中强烈的个性及色彩的绚丽；二是他讲课的魅力。"同学们崇敬他在教学中循循善诱，总以源源不绝的生动比喻阐明艺术真谛、画道航向，他永远着眼于启发。"比如吴大羽说："美在天上，有如云朵，落人心目，一经剪裁，著根成艺。艺教之用，比诸培植灌浇，野生草木，不须培养，自能生长，绘教之有法则，自非用以桎梏人性，驱人入壑聚歼人之感情活动。当其不能展动肘袖，不能创发新生，即足为历史累。"吴冠中回忆说："吴大羽先生是国立杭州艺专的旗帜。"

朱德群回忆说："每当与朋友或同学提到吴大羽先生名字的时候，我心中即产生无限的兴奋和激动，几不能自持，感恩之心油然而生。"他又说："我万分幸运的是在艺专遇到了几位非常好的老师，大羽老师是我最尊敬的一位，也是我受益最多的老师。所以饮水思源说他是我的恩师并没有一点言过其实。"

朱德群回忆说："我还记得吴大羽先生的一句话：'塞尚是现代绘画之父！'我就是从那时起，对塞尚产生了特别的兴趣、并沉醉于塞尚的作品之中的。"后来有一天，朱德群在上海街头偶然买到三本塞尚的画册，简直如获至宝，几乎天天拜读。在读通了塞尚之后，他意识到："读通了塞尚，就如同掌握了通向现代艺术的钥匙。此时再回过来看野兽派和立体主义，也就能够知其所以然了。"（朱德群：《读懂塞尚，就拿到了通往现代艺术的钥匙》）

他觉得，在杭州艺专教授当中，吴大羽先生最具艺术家的不凡气

青年吴大羽

度，因为他太有才气了。"我现在都还能背出吴教授的经典之语：'绘画即是画家对自然的感受，亦是宇宙间一刹那的真实！'"在吴大羽的鼓励下，两年时间朱德群画了500多幅写生画。

在赵无极眼中，吴大羽是一位善于点亮学生眼睛的恩师。他回忆说："吴大羽平常话不多，改画时话却比较多，板着脸不大有笑容的。吴大羽先生教课严格得不得了，他总是在8点钟以前就到了，不过当时学生都是很认真地学习。""很多学生说吴大羽先生是很孤傲的，我们是又喜欢他又害怕他。当时我年纪最轻，他每天都要来看我画什么，假如有时候我不太用心的话，他就说：'无极！有什么毛病啊？'"赵无极钦佩吴大羽先生的才华横溢，认为他"永远是我们的模型的创作者"。

吴大羽夫妇（左一、左三）与赵无极夫妇

千里大迁徙

1937 年，抗日战争爆发，战争的阴影迅速笼罩全国，校园里也不再平静。师生们群情激昂，积极投入到校长林风眠号召的"以画笔代枪"绘制抗日宣传画的热潮中。吴大羽画了巨幅的《岳飞班师》，画面表现岳飞被召撤兵，可当地百姓围堵着官兵苦苦不让他们走。据见过这幅画的吴冠中回忆："马上的岳飞垂头沉思，百姓们展臂挡住了他的坐骑。红、黄、白等鲜明的暖色调予人壮烈、刺激的悲剧气氛。"题目的标签上写着："相公去，我辈无噍类矣。"（意思是"相公走了，我们就没有活路了。"）

11 月，杭州艺专决定内迁。朱德群与吴冠中等七八个同学结伴而行，经江西、贵州、湖南、云南、四川等省，最后到达重庆。一路颠沛流离，风餐露宿，艰苦卓绝，跋涉万里，历时 5 年多。这期间，吴冠中和朱德群始终在一起，患难与共，建立了更为深厚的友谊。而他们的许多同学不幸地在战乱中死去，没有坚持到抗战胜利。

1938 年，在湖南沅陵，由于崇山峻岭的阻隔，相对安全，师生们暂时安顿下来。当时的教育部在江边盖起了临时的校舍，并将从北方迁移来的北平艺专与杭州艺专合并，称为国立艺专。这一路上，虽然没有正式的课程，但朱德群用画笔记录下沿途的风土人情。在贵阳市，他和同住一个宿舍的董希文，每天一大早就出去画速写，遇到集市时，他们把那些身着鲜艳的民族服饰的苗族少女画得惟妙惟肖。当地人怎么也想不到，这两位年轻学生日后都成了声名赫赫的绘画大师。朱德群在迁徙路上画的这些速写，后来还被老师带到教育部展出，受到各方好评。多年后回忆起这段经历时，朱德群说："我们既然能死里求生，那么在所有困境中所经历的、所看过的、听过的，都将是一门学不到的活'学问'，非常难布局的'图画'，当然是可以丰富我们的创作内涵。"

吴大羽《无题》，1980 年

第二章　四十年代

相知

II

重庆：战乱辗转

> 我可以千百年不停地画下去，但我依然会觉得自己
> 一无所知。

——保罗·塞尚（Paul Cézanne）

法 文 课

1943 年，重庆沙坪坝。在重庆大学建筑系任教的吴冠中，急匆匆地走在去邻校——中央大学的路上。此时正值抗战时期，因为战区很多高校内迁，位于大后方的重庆沙坪坝汇集了来自各地的文化人和莘莘学子，一个民族的文化力量在这里得以积蓄和保存。街上贴满了抗日的标语，穿着学生服的青年男女，神色凝重地走在去上课的路上。人们都知道，仗总是要打完的，胜利之后各行各业都需要专门的人才，所以在大学里的学习气氛比和平时期更加浓厚。

吴冠中此刻是赶着去中央大学旁听法文课，一向勤奋刻苦的吴冠中，把工作之余的时间主要用来学习法文。因为他心中早有目标：战后到法国去留学。在重庆大学一次助教会议上，校长说："助教不是

职业，只是前进道路中的中转站……"吴冠中当时就下定决心，去法国留学去！经人介绍，他认识了焦菊隐老师，跟他补习法文，后来又经人介绍认识了重庆近郊天主教堂里的法国神父，约定时间，他从不缺课。

战时的重庆物资匮乏，书籍就更难得了。吴冠中在街上的一个旧书摊上淘到一本已经翻得很旧的法文小说，如获至宝，买下之后每晚在灯下查着字典一页一页地啃。这段时间他还读了法文版的《茶花女》《莫泊桑小说选》《包法利夫人》等法文小说。功夫不负有心人，吴冠中的法文程度提升很快。

留　学　梦

1946 年暑假，机会终于来了——教育部宣布要选送战后第一批公费留学生到欧美留学，全国设九大考区，总共招收一百多人。吴冠中发现，招考简章中居然有两个留法绘画专业的名额，心中大喜，立即报了名。抗战八年积累了大批的考生，竞争异常激烈，但已经刻苦研读了四年的吴冠中志在必得。

在美术史考试时，其中一道考题是：试言中国山水画兴于何时？盛于何时？并说明其原因。吴冠中奋笔疾书：

> 吾国山水画始作于晋之顾恺之，但仅作人物画之背景，非用以作独立之题材者，就此已为吾国风景入画之嚆矢。五胡乱华之际，晋室南迁，一般士大夫均随之南下，感于江南风物之秀丽，山色湖光，处处入画，于是乃助成山水画之兴起。且其时崇黄老，尚清淡，爱静美，静美者，山水也。更加时值乱世，杀伐连年，人民生活

不安，一般洁身自好之士均隐迹山林，朝夕与烟霞泉石为伍，习之近，爱之专，山水画自不得不兴起。迄于南朝其势更甚，宋时即有宗炳、王微等山水专门作家出，齐之谢赫更归纳绘画之批评、技巧、学习方法等于六法之中，曰气韵生动，曰骨法用笔，曰经营位置，曰随类敷彩，曰传模移写，曰应物象形，此六法者虽对整个绘

吴冠中公费赴法留学证书

画而言，但其主旨及含义似针对山水画而发，于是吾国
山水画之格法大备。

其后纵论唐、宋山水趋势、流派、技法、大家，直至盛极而衰，洋洋
千言。

美术史考试中西兼备，关于西方美术史的题目是：意大利文艺复
兴对于后世西洋美术有何影响，试略论之。吴冠中答道：

> 文艺复兴之意义，不仅为恢复希腊、罗马人之智识
> 文艺，其精意实为"人"之发现，即"自我"之觉悟，
> 因中古时代一切均隶属于教会，无论身体思想均不得自
> 由，人民几已忘却"我"之存在，唯祈求来世之幸福，
> 故其精神为非现世的，文艺复兴则为此中世文明之否定，
> 以人为世界之主人，一切均力求现世之享受，故为现实
> 的，以此精神创造种种文化艺术，自皆以"人"为本位。
> 其后此风披覆全欧，乃奠定西洋美术现实的、人本的立
> 足点。

吴冠中在美术史的考卷上写了洋洋 1700 字，单从试卷上看，其
中西美术史功底之深厚、激情之洋溢，很难相信这是一篇考场即兴发
挥之作。所以，这份考卷被考官陈之佛评为"三五年官费留学考试美
术史最优试卷"也就一点也不奇怪了。之所以至今还能将试卷内容完
整呈现，缘于这份试卷在 60 年后意外被发现——2006 年这份试卷在
南京陈之佛先生的女儿陈修范家中被发现，上面还留着陈之佛先生的
批注。大师之所以成为大师，其实早有端倪可寻——天赋加勤奋，再
加上使命感和担当，成功只是时间问题。

林风眠隐居嘉陵江南岸

　　1938年4月，林风眠离开国立艺专，临走留下一封信交代校务。这封信由当时的教务长林文铮对学生们进行宣读。据吴冠中回忆，当念到"唯杭校员生随弟多年，不无念念，唯望两兄加意维护，勿使流离……"时，当时在场的学生们都哭了。杭州艺专十年创校校长，是林风眠一生中最辉煌的黄金时代。正如吴冠中所言："杭州艺专这株存活了十年的蒲公英，飞扬出去多少种子？多少种子飞到了世界各地，让有心人去统计吧。这些开花的、结果的新生代，都继承了林风眠的艺术思想。林风眠，我们伟大的宗师！"（吴冠中：《林风眠全集》

林风眠

序，1992 年 8 月）

1938 年 7 月，曾经留学德国的美术史学博士滕固接任合并后的国立艺专校长一职。他刚一上任就开始裁员，林文铮、蔡威廉夫妇都被辞退。而在滕固的背后，实际是国民党宣传部部长张道藩在进行"倒林清蔡"——他的目标不光是林风眠，而是蔡元培。蔡威廉是蔡元培的女儿，林文铮夫妇自然首当其冲，他们不得不忍痛离开了这所他们亲自参与创办的学校，离开了他钟情的美术教育和西洋美术史的研究，夫妻俩随着流浪的人群到了昆明。不久，蔡威廉在昆明生产后得了产褥热，没钱医治，在贫病交加中去世。

离开了艺专的林风眠，隐居在重庆嘉陵江南岸的一间茅屋里。据作家无名氏（卜乃夫）撰文回忆，1945 年 11 月 7 日下午，他曾去重庆南岸大佛段乡间探访林风眠先生。所谓的"林公馆"，实际是军政部的一座仓库，"一边是破烂的农舍，后边是堆物间，只四坪左右大"。但虽然是陋室，却收拾得极干净，一切布置得整整齐齐。"窗前那张农人用的白木长方桌上，放了一把切菜刀和一块砧板，以及油瓶。"壁上挂的是两件他在重庆美展中见过的油画。林风眠在这里的生活全部自己料理——去小镇买菜，生炉子、烧饭、洗衣、扫地，都自己动手。进城时要走好几十里的路，他也是徒步往返，从不坐滑竿。

然而正是这段"隐居生活"，让堕入底层的林风眠深刻反省自己以往的生活与创作。他说："正是那间破旧陋室，那张白木旧桌子，那些厨刀、砧板、油瓶、洗衣板，叫我真正变成'人'的。在北平、杭州当了十几年校长，住洋房、乘私人轿车，身上一点'人气'几乎耗光了。你必须真正生活着，能体验今天中国几万万人的生活，身上才有真正'人'味。首先是'人'，彻底'人'化了，作品才有真正的生命活力。"

让林风眠感到欣慰的是，虽然与学校相隔数十里，但师生们经常去看他。在这异常简陋的环境下，林风眠依然坚持创作，墙上、地下都是他画的画。

赵无极此时在国立艺专当助教，他是林风眠茅屋中的常客，他们常常一起探讨艺术创作问题。此时的赵无极受现代派影响，正钟情于马蒂斯、鲁奥的模式。而此时将探索的焦点从西方回到东方的林风眠，对赵无极提出忠告：摆脱马蒂斯、鲁奥，寻找自己的画风。于是，赵无极开始将中国水墨情绪融入油画中去探索，为后来的成功奠定了扎实的基础。

1940 年，滕固去世，艺专校长之职先后经历了吕凤子、陈之佛，直至 1944 年教育部聘请潘天寿任艺专校长，林风眠才被聘回学校任教。这个时候在教西画的教师有：关良、林风眠、倪贻德、丁衍庸、李仲生、赵无极、朱德群等。学生有苏天赐、席德进等。

林风眠每周在盘溪黑院墙上一次课，黑院墙是一座三进院的民房，左右有大小庭院，学校的办公室、国画教室、图书馆等都设在院中各个房间里，西画及雕塑教室则设在后面的山坡上。学校还为教师们盖了简易的茅屋，每位教师一间，可以临时过夜。林风眠上课来时就在这里住一宿，课余与关良、丁衍庸、李可染、赵无极聊聊天，相互观摩作品，还有一群学生把他们视为偶像坚定地跟随他们，所以战时的日子虽然清苦并充满了不确定，但学校里的创作热情却在相互鼓舞，彼此激励着创新并相互欣赏，教授们还常常轮流举行个人画展，展出他们的习作供师生品评。日子就在这样苦中作乐的氛围中缓缓地前行。

1945 年，国立艺专的师生们举办了一次轰动一时的画展，这次展览一反传统绘画的旧貌，以崭新的面貌出现，印象派、后印象派、立体派、野兽派等不同风格各有涉猎，给抗战后方的艺术圈中吹出一缕清风。当时参展的画家有林风眠、关良、丁衍庸、方干民、赵无极、朱德群。

南京：依依惜别

> 美来自现实，处处追求美的艺术也来自现实。如果谁曾真正虔诚而努力地追随过伟大的艺术家，那么他一定可以发现，大师们的创作无一例外地根植于现实。
>
> ——凡·高（Vincent van Gogh）

洞房花烛夜　金榜题名时

1946 年 12 月，南京，教育部发榜了，吴冠中以第一名的成绩金榜题名。家人和女友朱碧琴都非常高兴，吴冠中自己也非常兴奋。启程之前，他与朱碧琴在南京举行了婚礼。一位是风华正茂的青年才俊，一位是温柔贤淑的美貌佳人，良辰美景，洞房花烛，外加金榜题名，扎堆儿而来的幸福浓缩在短短的半年之间。不久，妻子朱碧琴怀了孕，回老家宜兴待产，吴冠中告别家人，独自远走天涯。

1946 年，在南京，朱德群在中央大学教书，住在励志社的宿舍里。吴冠中考取公费赴法留学后，也来到南京，等待办理出国手续。老友相见，分外亲热。过了不久，赵无极也来南京办理出国手续，昔日的老同学在这里重逢了。

此时这三位二十六七岁的青年画家均已成家，吴冠中与朱碧琴新婚燕尔；朱德群与原配夫人柳汉复已育有一女；赵无极与青梅竹马的妻子谢景兰也已经有了一个儿子。三个事业上正待扬帆远航的年轻人，对未来充满了憧憬。此时朱德群的心中略有惆怅，因为去台湾后的发展尚有不确定性，而去法国的路更遥遥无期。

1947 年冬天，赵无极在上海大新公司举办了个人画展，无名氏发表《赵无极——中国油画的一颗彗星》，高度评价年轻的赵无极所作的艺术探索。这次个展非常成功，作品几乎全部卖出，所得画款法币 2.1 亿元。

与此同时，赵无极也在办理赴法留学的护照和签证。他虽然人还未到法国，但作品已经先期登陆——1946 年巴黎赛努奇博物馆首次展出赵无极的画作，获得媒体称赞，甚至被法国媒体誉为"中国杜飞"。劳尔·杜飞是法国野兽派画家，擅长风景画和静物画，画风清新，线条细碎，色彩明亮，具有法兰西式的浪漫气质。赛努奇博物馆现任馆长易凯博士撰文指出，这个称号或许过于轻率，但却显示巴黎艺术圈对赵无极的接受程度。他说："赵无极、朱德群及吴冠中于杭州国立艺术专科学校就读数年，深受留法老师的影响，这都成为他们进入巴黎艺坛的台阶。即使中国战事连连，学院遭受动荡，林风眠及吴大羽仍成功为学生提供有利环境，让他们掌握现代绘画的基础。这段培育期解释了赵无极的画作于 1946 年赛努奇博物馆首次展出即获得空前成功的原因。"

痛 失 画 作

话说朱德群从杭州艺专毕业后就留校任教，1943 年，他经人介绍到中央大学建筑系教素描。在重庆大学建筑系当助教的吴冠中和在国立艺专当助教的闵希文，三位老同学常常聚在一起，还一起去听法文课。后来中央大学迁回南京，朱德群就先行离开了。

在颠沛流离的战乱迁徙过程中，朱德群的画作经历了两次灭顶之灾：第一次是 1945 年他乘船从重庆回南京的路上，遇到暴风雨，船差点儿被吹翻，他们幸运地躲过一劫，但他放在行李里的几百张素描全部被水泡了；第二次是 1948 年年底他去台湾前把在大陆期间画的全部作品都寄放在一位友人处，结果全部遗失。

但最为沉痛的打击是来自朱德群的父亲，这位热爱艺术的老中医，一生珍藏了许多古代名画，包括仇英、董其昌、陈洪绶等古代名家的作品。但是在连年的战乱中，他收藏的那些珍贵名画和朱德群在杭州艺专时期的 500 多幅作品，全部被战火付之一炬，老人受不了这个打击，两年后抑郁而死。朱德群后来得知消息悲痛欲绝。父亲走了，家道中落，此后一切都要靠自己了。

南京一别，赵无极几个月后到法国与吴冠中再度相遇，可是朱德群一去台湾就是 6 年，等他 1955 年再追寻二位师兄弟到巴黎时，吴冠中却已回国。从此二人天各一方达 28 年之久，思念之情日甚。但不管身居何处，他们三人最大的共同点就是：绘画是他们生活中最重要的东西，他们都打定主意，为此奋斗一生。

巴黎（一）：艺都寻梦

我们正处于一个摸索性、实验性的全新世代，所有的人、种族、文化都将参与其中，并且关系更为紧密——这是前所未有的。我们须于这个正在形成的紧密关联的环境中，透过细微的线索理解其重要意义。

——保罗·瓦勒里（Paul Valéry）

巴 黎 圆 梦

"假如你有幸年轻时在巴黎生活过，那么你此后一生中不论去到哪里她都与你同在，因为巴黎是一席流动的盛宴。"这是美国著名作家欧内斯特·海明威为他的最后一部小说《流动的盛宴》写下的卷首语。他于 1921 年至 1926 年在巴黎工作、生活，彼时巴黎人才荟萃，来自世界各地的艺术家、作家到这里奋斗，有些人也在这里成名，文人沙龙，歌台舞榭，好似朝朝寒食，夜夜元宵，年复一年，而岁岁不同，像一席流动的盛宴。

1947 年，考取了公费留学的吴冠中和其他几十名留学生一起搭乘美国"海眼"号邮轮，漂洋过海，航行一个月，抵达当时欧洲艺术中心——巴黎。

要说巴黎何时成了欧洲艺术的新中心，要从 18 世纪末的法国大革命说起。1789 年 7 月 4 日爆发的法国大革命，给法国带来了史诗性的转变，不仅扫荡了专制势力，结束了延续一千多年的君主专制统治，在文化上也产生了深远的影响。在此之前，意大利的佛罗伦萨和罗马从 15 世纪欧洲文艺复兴以来一直是西方艺术的中心，但法国大革命之后，巴黎逐渐成为欧洲艺术的新中心，成为世界各地的艺术家向往的地方。

法国大革命也开启了近代绘画的先声。艺术家从古代经典中寻找灵感并形成新的品位——诞生了 19 世纪初以追求理想美为理念的新古典主义。社会巨变带来的"破旧立新"的观念狂潮，旧的价值系统全面崩塌，艺术家强调"个性"的时代终于到来——感性的浪漫主义在 19 世纪二三十年代在世界范围内引领潮流。此后由于产业革命为法国社会生活带来的改变巨大，艺术家将目光专注于身边的日常生活——促成了准确、完全、忠实反映社会生活的写实主义的诞生。

随着 1874 年印象派的诞生，艺术家摆脱传统的意愿愈加强烈。颤动的光影和瞬间的色彩以及诸多不同以往的探索性呈现，为艺术家开启了全新的视野。而从印象派中脱颖而出的塞尚，大胆地提出了画家思考的重要性，他认为对画家来说，感觉、视觉与思考三者密不可分，而最终使感觉与视觉得以呈现的，正是思考——一种更深刻的精神钻研。

到了 20 世纪初，云集于巴黎的各国艺术家又先后兴起了野兽派、立体派、表现派，乃至表现主义和超现实主义等一系列现代艺术画派，于是巴黎这座古老的文化之都，又成了现代艺术的发源地。

吴冠中一直认为法国是他们艺专学生的"姥姥家"，因为艺专的

1948 年，吴冠中在巴黎凡尔赛宫前

很多老师都是从法国留学回来的，特别是校长林风眠，他到法国研习艺术，既有先驱意义，也有一定的浪漫成分，所以吴冠中、赵无极、朱德群都追随着前辈的艺术轨迹奔法国而来。

在法国，吴冠中师从巴黎国立高等美术学院的苏佛尔皮教授研修油画。苏佛尔皮教授是当时巴黎画坛上的著名画家，画风接近毕加索，他常以古希腊神话为题材，用现代手法来表现，作品具有深刻的内涵。他的教学方法也别具一格，使吴冠中受益终生。

在巴黎，吴冠中还到蒙帕纳斯的大茅屋画室练习人体写生，比他早来 24 年的常玉早年也时常流连于大茅屋画室。常玉 1921 年年初到巴黎的时候，被称为"蒙帕纳斯王子"的莫迪利亚尼刚刚去世，常玉的女人体和林风眠后来的仕女图多少都受到莫迪利亚尼的影响。

与吴冠中同期考取留法的熊秉明是西南联大哲学系的高才生，也酷爱绘画和雕塑，他的父亲是著名数学家熊庆来。初到巴黎时，有一个时期吴冠中与熊秉明同住在巴黎大学城的比利时馆。二人第一次见面时因为一个学哲学、一个学绘画，一时找不到共同的话题，显得有

巴黎国立高等美术学院外景

巴黎国立高等美术学院内景

些尴尬。忽然不知是谁说到了鲁迅和凡·高，"顿时如烈火碰到干柴，对话于是哔哔剥剥地燃烧起来"，以致成为终生的挚友。

据熊秉明回忆，吴冠中每天背着画具外出写生，傍晚回来便拿着尚未干透的新画到熊秉明的寝室一起探讨画中的得失。"就是在这个时候，他迷上了郁特里罗所画的圣心寺附近的街景。"

郁特里罗是法国本土画家，他画的蒙马特高地的"寂寞冷落的小街小巷"，令吴冠中想起了故乡江南水乡的诗情画意，郁特里罗也因此成了吴冠中偏爱的风景画家。纵观多年后吴冠中所画的江南水乡，依然可以看出当年受郁特里罗的影响，同样是小街小巷，同样是暗暗的离愁，只是一个在巴黎，一个在中国。

当时的留学生活非常清贫，每月只有六七十美元的奖学金。所以吴冠中在生活上十分节俭，省下的钱用以购买画具、画册，参观博物馆，到意大利、英国等地旅行写生。此外，他还要省出一份钱寄回家乡补贴家用。由于天赋的艺术才华和格外的勤奋，到法国的第二年，也就是1948年，吴冠中的油画作品就参加了巴黎的春季沙龙展和秋季沙龙展。

据熊秉明回忆，也是在这个时期，吴冠中常常夜读凡·高的《致弟信札》，在书里画了很多又粗又长的红杠杠，那些句子深深地打动了一位游子艺术家的赤子之心。凡·高还写信给他的荷兰画友拉巴尔说："依我的意见，你和我只有对着荷兰的风景人物才会画得好，因为那时我们才是自己，在自己家，在自己的环境气氛中。"这些话语仿佛就是对吴冠中说的，因此终其一生，凡·高对吴冠中的影响是最大的。

留法期间，吴冠中两次去意大利参观博物馆，其中一次还到意大利偏僻的小城西恩那（Siena）去看文艺复兴早期的壁画。因为留学生活非常清苦，他一次也没有进过意大利的餐厅，面包加香肠成了果腹的唯一选择。精神上的饱足弥补了物质上的窘迫，他对艺术之外的一切全都不以为意。

三年留学期满，吴冠中深谙西方艺术，尤其是现代艺术的精髓，也更深地领悟了艺术只能在纯真无私的心灵中诞生，在自己的土壤中发芽。此时中国已经发生了翻天覆地的变化，新中国刚刚成立，他经过反复考虑，决定回国。在他日后 60 多年的人生岁月中，他始终未忘情于巴黎的青年时代，对当年求学时的经历至今仍记忆犹新。他说："巴黎不是生养我的故乡，但确是我艺海生涯中学习的故乡。"

赵无极也来了

1948 年 2 月 26 日，上海港码头，赵无极携夫人谢景兰启程赴法国。赵家全家人到码头送行。为了让小两口没有后顾之忧，身为银行家的父亲拿出 3 万美元资助他们留学，母亲则帮他们照顾刚刚两岁的儿子赵嘉陵。没想到这一别，就是 24 年。

轮船从上海启程，36 天后，赵无极夫妇在法国马赛上岸改乘火车，4 月 1 日到达巴黎。赵无极当天下午即前往卢浮宫，观摩他仰慕已久的西方大师之作。他有时连续几天待在一幅作品前，仔细揣摩作者的灵感抒发、意境表达、空间组合和运笔技巧等。比赵无极早半年到巴黎的吴冠中，带着赵无极到处找房子，最后他们在蒙帕纳斯住下。

蒙帕纳斯是巴黎的艺术区，那里活跃着一大批来自世界各地的艺术家，各种艺术风格兼容并包，学术氛围自由开放。后来赵无极在自传中回忆说："到巴黎后，我一心只想住在蒙帕纳斯区，这几乎是种迷信，好像住在那里，就更接近自己瞄准的目标。"此后赵无极每日在法语联盟学习法文，在巴黎大茅屋画室进修绘画。他在那里听奥

1948 年，赵无极在巴黎（图片由赵无极基金会提供）

托·弗雷（Otto Friesz）的课，画素描。充满好奇心的赵无极还积极参加当地举行的各种艺术活动，融入当地社会。二战后的巴黎，汇聚了一大批来自世界各地的艺术家，是名副其实的世界艺术之都。

到法国的第二年，赵无极创作了一批套色石版画，一共 8 幅，各印了 20 多版。正是这个石版画系列，令他结识了诗人米肖，他为赵无极的画配了 8 首诗，并结集出版。"与米肖的相遇对我来说有决定性的意义，因为他对我作品的关注使我有了信心，每当我有疑虑的时刻，米肖的意见都使我战胜内心的困惑，使我继续下去，重新开始。"他们因此成为一生的挚友。

到巴黎之前，有两个问题一直困扰着赵无极：一是如何创造出一种能摆脱墨守成规的自由的画法，他很担心自己陷入"圆熟与重复的危险"；二是如何创造出一种能充分发挥色彩表现力的画法。在巴黎，赵无极终于找到了答案。在重庆时，赵无极曾从北美期刊上看到了雷诺阿、塞尚、马蒂斯、毕加索等艺术大师的作品，大受启发，这些画作为他突破传统的创作提供了样本。在 1942 年他在重庆举办的第一次个人画展上，他这个时期的作品明显受到马蒂斯和毕加索的影响。和朱德群一样，赵无极尤其推崇的是塞尚，他说："我学毕加索的素描，我仰慕莫迪利亚尼、雷诺阿和马蒂斯，但还是塞尚帮助我寻找到了自我，发现自己是一个中国画家。""塞尚为我们开辟了绘画创作的新道路，我们由衷地感谢他，因为我学会了用自己的眼睛来看这个世界。"

1949 年，赵无极在葛兹画廊（Galerie Creuze）展出了 36 幅油画，时任国立现代艺术博物馆馆长的多雷瓦尔为展览图录作了序言。"他是第一位能够定义我的绘画内涵的人，每当我重读这篇小小的序言，都为其间所流露的关怀之情而感动，我觉得他万分慷慨，一如那时的巴黎所给我的印象。"多年后赵无极回忆说。

多雷瓦尔在序言中表露出的巴黎艺术界对外国艺术家到来的欣喜和欣赏，在当时是有一定的代表性的，而他如此坦诚地表达尤其难能可贵："对于我们这些 1949 年的法国人来说，看到这些年轻的外国艺术家涌向巴黎，像涌向当代艺术的首都，更好地说是实验室和圣殿，没有比这更令人欣慰甚至激动的了。而更美妙的是，他们在接受法国的影响之余，仍然保留着自身的存在，甚至更加成为其祖国文化的继承者。法国的教育和榜样不但未使他们窒息，反而使他们蓬勃发展。一个世纪以来，成千上万的艺术家都有如此的经历。赵无极也不例外。"

"艺术的独行侠"常玉

　　吴冠中、赵无极到达巴黎的时候，常玉已经在巴黎艺术圈小有名气。这位出生在四川南充的富家公子才气过人，他到巴黎之前还去过日本，从东洋到西洋，他到巴黎的时间比林风眠、林文铮还早，他与林风眠都是 1900 年生人，他 1919 年到法国。但他闲云野鹤式的性格完全排斥正统的学院式美术教育，所以他终日游走在大茅屋画室和巴黎咖啡馆之间，他的裸女系列线条流畅洒脱、寥寥数笔而概括精准，夸张的造型深受法国画家莫迪利亚尼的影响。他也常常闲坐在露天咖啡馆里偷画坐在对面的情侣或时尚女郎，积累了大量素材。1928 年，常玉的作品在巴黎秋季沙龙展出。1930 年，他的名字被收入《法国

1962 年年底，在常玉画室合影。后排左二为常玉，右一为朱德群

常玉《女孩与猫》 1929 年

现代画家大辞典》。

20 世纪 30 年代的巴黎，是世界范围内文艺圈的中心。正像海明威在《流动的盛宴》中描述的那样，来自美国的作家、艺术家在巴黎汇聚。而来自中国的艺术家也有自己的圈子，当时这个圈子里有徐悲鸿夫妇、张道藩、庞薰琹、傅雷、徐志摩等。徐志摩曾经在《巴黎的鳞爪》中活灵活现地描述了他与常玉交往的细节，也从一个侧面反映了常玉当时的生活状态和精神风貌。

徐志摩写道："我在巴黎时常去看一个朋友，他是一个画家，住在一条老闻着鱼腥的小街底头一所老房子的顶上一个 A 字形的尖阁里，光线暗惨的怕人……他照例不过正午不起身，不过天亮不上床的一位先生，下午也不居家，起码总是在上灯的时候他才脱下外裮，露出两条破烂的臂膀埋身在他那艳丽的垃圾窝里开始他的工作。"观察细致的徐志摩极其生动地描写了常玉的收藏："这是我得意的一张庞那的底稿当废纸买来的,这是我临摹蒙内的裸体,不十分行……草色太浓了,那膝部画坏了,这一小幅更名贵,你认得是谁,罗丹的。"常玉对徐志摩说,他宁可省吃俭用,省下几个法郎来多雇几个模特儿。在他的床底下,珍藏着他十年来画的千把张人体临摹。常玉就这样散漫又勤奋地度过了他的"粉红时期",那是他创作的第一个高峰。

当年"新月派"的著名作家、诗人邵洵美在上海的《金屋月刊》上这样描述常玉的画:"他每一条线条的灵活确能使人们的心跟着一同急跳起来。尤其是淡描的几笔极简单的白粉,使我们看了顿时觉得触到了肉的热气,知道这里面有的是生命,有的是力,是活的罗丹的雕塑。"

吴冠中在巴黎留学期间曾经在一位友人家里遇见常玉,他后来回忆说:"他身材壮实,看来年近五十,穿一件红色衬衣。当时在巴黎男人很少穿红衬衣。他显得很自在,不拘礼节,随随便便。谈话中似乎没有涉及多少艺术问题,倒是谈对生活的态度,他说哪儿舒服就待在哪儿,其时他大概要去美国或刚从美国临时返回巴黎,给我的印象是居无定处的浪子。我早听说过常玉,又听说他潦倒落魄了。因此我到巴黎后凡能见到他的作品的场合便特别留意观察。他的油画近乎写意,但形与色的构成方面仍基于西方现代造型观念……"

去留的抉择

对于很多有留学经历的学子来说,去与留的抉择是大多数人都曾遇到过的问题。有些人作为"海归"回来很多年之后,还时常反思一下自己当年的决定,这也是人之常情,毕竟这个决定太重要了,它决定了一个人此后一生的道路。

　　吴冠中在自传《我负丹青》中坦言："到巴黎前，我是打算不回国了，因国内搞美术没有出路，美术界的当权人物观点又极保守，视西方现代艺术如毒蛇猛兽。因之我想在巴黎扬名，飞黄腾达。"但是真正到了巴黎之后，他的想法有了变化。特别是他最为推崇的荷兰画家凡·高的话时常在他的耳边回响："你是麦子，你的位置在麦田里，种到故乡的土里去，将于此生根发芽，别在巴黎人行道上枯萎掉。"

　　在一封 1949 年写给恩师吴大羽的信中，吴冠中吐露了自己真实的想法："十年，盲目地，我一步步追，一步步爬，在寻找一个连自己也不太清楚的目标，付出了多少艰苦！一个穷僻农村里的孩子，爬到了这个西洋寻求欢乐的社会的中心地巴黎，到处看、听。一年半来，我知道这个社会，这个人群与我不相干，这些快活发亮的人们于我很隔膜。灯红酒绿的狂舞对我太生疏。我的心，生活在真空里。阴雨于我无妨，因为即使美丽的阳光照在我身上，我也感觉不到丝毫温暖。这里的所谓画人制造欢乐，花添到锦上。我一天比一天不愿学这种快乐的伪造术了。……我不愿自己的工作与共同生活的人们漠不相关。祖国的苦难憔悴的人面都伸到我的桌前！我的父母、师友、邻居、成千上万的同胞都在睁着眼睛看我！我一想起自己在学习这类近乎变态性欲发泄的西洋现代艺术，今天这样的一个我，应该更懂得补鞋匠工作的意义，因他的工作尚且与周围的人们发生关联。踏破铁鞋无觅处，艺术的学习不在欧洲，不在巴黎，不在大师们的画室，在祖国，在故乡，在家园，在自己的心底。赶快回去，从头做起……苦日子已过了半世，再苦的生活也不会在乎了。总得要以我们的生命来铸造出一些什么！无论被驱在祖国的哪一角落，我将爱惜那卑微的一份，步步真诚地做，不会再憧憬于巴黎的画坛了。暑假后即使国内情况更糟，我仍愿回来。"

　　经过三天三夜辗转反侧地思考，吴冠中决定回国发展，"放弃飞黄腾达、享誉国际的虚荣，回到自己的乡土，深深扎根于苦难的深层，天道酬勤，日后总能开出土生土长的自家花朵吧！"（吴冠中：《歧途》）

在回国的海轮上，吴冠中在速写本的空白处记录下自己当时的感受，憧憬着未来的艺术生涯："我想表现，表现我那秀丽家乡的苦难乡亲们，我想表现小篷船里父亲的背影和摇橹的姑父，我想表现……我想起了玄奘在白马寺译经的故事，我没有取到玄奘那么多的经卷，但我取到的一些造型艺术的形式规律，也是要经过翻译的，否则人民的大多数不理解。这个翻译工作并不比玄奘的轻易，需要靠实践来证明什么是精华或糟粕，我下决心走自己的路，要画出中国人民喜爱的油画来，靠自己的脚印去踩出这样一条路。"（吴冠中：《望断天涯路——我的艺术生涯》）

第三章　五十年代

抉择

III

北京（一）：艰难转型

> 在灵魂的一角可能有一座燃烧着炽热火焰的火炉，
> 然而无人前来取暖；过客只是瞥见烟囱的一抹。
>
> ——凡·高（Vincent van Gogh）

归　国

1949 年 10 月，中华人民共和国成立，在法国的一些留学生先后回国。1950 年夏天，吴冠中搭乘法国"马赛号"轮船从马赛启程，经过一个月的旅行回到中国。

1950 年，31 岁的吴冠中风尘仆仆地来到北京，满怀热情地赴中央美术学院任教。然而他万万没有想到，等待他的是一条充满荆棘的艺术之路。

20 世纪 50 年代初期的中国，正值中苏关系的蜜月期，一切都崇尚苏联风格。美术界风行列宾、苏里科夫等俄国巡回派的画风，所以，当吴冠中在教学中满腔热忱地向学生介绍西方优秀艺术时，他很快被斥为"资产阶级形式主义的堡垒"。而他所钟爱的人物画，也被批判为"丑化工农兵",致使他从此放弃了人物画的创作,改画风景画。

1953 年,34 岁的吴冠中调到清华大学建筑系任副教授,教素描、水彩风景画。这一时期,他画出了一批清新、典雅、抒情的水彩风景写生画,从此以一位风景画家蜚声画坛。

吴冠中说:"从 50 年代中期开始,我作画主要在大自然中感受、构思、构图。80 年代以前的油画,大都是背着笨重的油彩工具在野地里奔走,从不同角度或地点的写生组合中构成作品,这,仿佛边选矿,边炼钢。"

大雅宝胡同甲 2 号

吴冠中刚回国的最初两年,住在大雅宝胡同甲 2 号,这里是中央美术学院的教职工宿舍,后来在中国现当代美术史上声名赫赫的多位绘画大师都曾住在这里,如李可染、张仃、董希文、李苦禅、黄永玉、王朝闻、彦涵等。当时齐白石老人也经常到这个院子里来,整个大院像一个大家庭。黄永玉在晚年写的《比我老的老头》中,特意有一章叫《大雅宝胡同甲 2 号安魂祭》,就是回忆这段生活的。那时,前院住着李苦禅、董希文、张仃、陈布文四家,李可染、吴冠中以及后来的黄永玉都住在中院,后院是四排平房,住的人就更多了。

李可染比吴冠中大 12 岁,早年曾在上海私立美专学习,后任教于徐州私立美专。1929 年考入西湖国立艺术院研究部,师从林风眠和法籍教授克罗多等,主攻西画。后因"一八艺社"遭禁而辍学。1943 年任国立艺术专科学校中国画讲师。1946 年受徐悲鸿之邀北上,任北平国立艺专中国画副教授。李可染当时也可以留在杭州的浙江美院,但他综合权衡之后还是决定北上,因为他想拜齐白石和黄宾虹为

师，而深知他心思的徐悲鸿把李可染引荐给两位大师圆了他的梦。

　　20 世纪五六十年代李可染已经在思考如何突破中国山水画的瓶颈，变革山水画。他和张仃探讨的结果是贴近自然，走写生之路，融合中西，探索新路。从 1954 年开始，李可染多次南下写生，足迹遍及江南、四川、广东、广西等地，"十出十归"。面对名山大川，他像西方画家那样当场作画，对景写生，但又不局限于焦点透视和严格写实，在这一点上他和吴冠中是一样的。他亲自实践，身体力行，创作出一批非常有新意的山水画作品，如《漓江胜景图》《革命摇篮井冈山》《峡江轻舟图》等。

　　1954 年，李可染、张仃、罗铭写生联展在北京举行，受到国画界的高度重视，他们的创新得到认可，标志着中国山水画变革走出重要一步。

从恭王府到后海大杂院

话说吴冠中在清华大学建筑系教了两年素描及水彩风景画，到1955年秋天，应北京师范大学美术系主任卫天霖之邀，吴冠中转而赴北师大美术系任教，并参与筹办北京艺术师范学院。当时北师大美术系设在和平门，吴冠中暂住在学校附近的职工宿舍，与卫天霖住在同一座楼里。他俩初次见面是在公共的盥洗室里，卫天霖正在洗油画笔，二人就交谈起来，随后吴冠中跟他去看他画的印象派油画。

卫天霖早年留学日本学习油画，先画人物画，后来转为画静物及花卉。吴冠中对他的画一见倾心，非常喜欢他油画色彩的饱满，感觉朴实温厚，画如其人。他们从此成为互相信任的好友，卫天霖对吴冠中也多有提携，放手让他掌管系里的人事工作。吴冠中的家也从清华园搬到了恭王府附近的后海大杂院。居住条件虽然简陋，但上班非常方便，细心的卫天霖将朱碧琴也从清华附小调到学院资料室工作，让她也可以就近上班，兼顾家庭和孩子，解决了吴冠中的后顾之忧。

1959年夏天，学校放暑假了，吴冠中决定利用这个假期自费去海南写生。他坐火车先到广州，再从广州去海南。为了省钱，他一路都坐的是硬座，还背着几十公斤重的油画颜料一路辗转。好在这一次写生收获颇丰，满载而归。但是归程中由于油画未干，因担心油画被压，吴冠中把一大包油画放在自己的座位上，从广州一路站到北京，回到家时脚都站肿了，但油画保护得很好，安然无恙运到家，他感到很安心。

1964年，北京艺术师范学院解散，吴冠中跟随卫天霖一起调到中央工艺美术学院（今清华大学美术学院前身），两人一起前后共事将近10年，建立起深厚的友谊。

台北：宝岛成名

画画并不意味着盲目地去复制现实，它意味着寻求各种关系的和谐。

——保罗·塞尚（Paul Cézanne）

朱德群画展

1951 年，台湾师范学院艺术系（现台湾师范大学美术系），朱德群正在给学生们上素描课。他将塞尚、野兽派以及立体派等欧洲的绘画风格和理论带进课堂，深受学生们喜爱，很快就像当年林风眠、吴大羽一样成为学生们心目中的名师。

朱德群班上有一位学生叫刘国松，是抗日烈士的后代，只身在台湾。朱德群看到他的绘画天分，格外关注他。但是刚上大学的刘国松喜爱打篮球，并不很用功在绘画上。一次刘国松打比赛，朱德群也到场观看。年轻时也曾迷恋篮球的他，对这项运动非常内行，看后对正在得意的刘国松说："都说你篮球打得好，也不过如此啊。"然后撂下这话就走了。老师看似轻描淡写的一句话却如一声棒喝在刘国松的心里掀起巨大波澜，他深刻反省自己之后发奋用功，成绩很快追了上来。20 世纪 50 年代的台湾也是物资匮乏，画材对穷学生来说就更贵了。朱德群把自己用过的画箱和颜料送给刘国松，对他是非常大的支持和鼓励。多年后他已成为大家，谈起恩师依然念及这件往事。

朱德群后来在《忆吴大羽先生》中说："我在吴师的教导之下成了塞尚的崇拜者，在国内多年工作，没有远离后期印象派的范围，直到 1953 年去八仙山写生，在两千多公尺的山峰深谷云雾丛林中，突然领悟了中国水墨画的虚实，具有诗意的传统精神与自然的关系。烟雾弥漫，松柏纵横交错，联想到书法用笔的境界，与过去学习写字、绘画的心情连接融合，不知不觉我的绘画观念有了转变。"

但是在朱德群的内心深处，始终有一个声音在呼唤：到法国去，到巴黎去，"即使只是去看一看都好"。因此他一直在默默地做着准备。

1954 年 12 月 17 日，朱德群首次个人画展在台北中山堂开幕，展出了他 1949 年到台湾后创作的 50 多幅作品。画展反响热烈，作品全部售罄。民国时期著名的女作家苏雪林在观展后撰文指出："朱德群先生的油画对于色彩的感觉极其灵敏，他喜用大红大绿大蓝大黄等强烈的颜色来写静物与风景，但他的线条仍极有力，他不但是塞尚的私淑弟子，竟可以说是塞尚的升堂入室的高足了。"受到各方赞誉的朱德群，对自己有非常清醒的认识。他决定用卖画得来的这笔钱，圆自己留学法国的梦想。

1955 年 3 月 29 日，朱德群登上了开往法国的轮船，经香港、西贡、苏伊士运河、开罗等地抵达马赛。在长达一个多月的旅行中，他在船上偶遇之前在台湾师大上过他素描课的女学生董景昭，他乡遇故知，这段巧合的情缘日后终于修成正果，二人于 1960 年在巴黎结为连理，共度一生。

1955 年 3 月，朱德群在去法国的轮船上

"五月画会"

朱德群离开台湾之后，他的学生们继续探索将东西方的艺术精神融合进现代绘画。1956 年，由已经毕业的刘国松牵头，与校友们一起成立了"五月画会"，大胆尝试创新。1957 年 5 月，首届"五月画展"在台北举办，以刘国松等 4 位台湾师大美术系的同级毕业生为联合参展人，参展作品全部是油画，在当时台湾艺术界产生较大影响。几年后，刘国松转而开始回归中国水墨画，从绘画工具到技法上全面

颠覆性大胆创新，令世人刮目相看。

刘国松后来成为朱德群的学生中最有成就的一位，他在20世纪70年代提出"革中锋的命""革笔的命"以及"建立20世纪中国绘画的新传统"的口号，在创作理论与实践方面产生了广泛而深远的影响。

刘国松说，自己提出"革中锋的命"，其实是希望从故步自封的文人画中跳出来，用绘画该有的丰富技法来创作。当时是针对文人画将传统绘画的路子越走越窄有感而发。在他看来所谓"所有的绘画一定要合文人画的标准"，这是内行"着了外行的道了"。

吴冠中在20世纪80年代看到刘国松的画后曾撰文说："刘国松及其伙伴们曾在台湾岛上揭竿而起，矢志辟出自己的新路。其呼声应传播全世界的炎黄子孙，出其言善，千里应之。我没有听闻画会的宣言，但从刘国松的作品中听到了其大声疾呼。他向西方拿来，又向祖上拿来，为抒胸中块垒，择一切手段：点、线、块、面，行云流水、剥皮抽筋。"

巴黎（二）：崭露头角

对印象派画家来说，描绘大自然并非画出物体，而是了悟自身的感知。

——保罗·塞尚（Paul Cézanne）

遇见塞尚

和吴冠中、赵无极一样，朱德群到巴黎的第一件事，也是直奔卢浮宫，以往在画册上看到的名画，此番终于可以一睹真容了。在巴黎"回力球场国家画廊"，他惊喜地看到了对他影响最大的画家——塞尚的作品。

保罗·塞尚是法国 19 世纪艺术观念转换的一位关键人物，他的作品深刻地影响了 20 世纪艺术风格的建立和发展，对后来成为世界级绘画大师的毕加索、马蒂斯都产生了重要影响。他认为，"画画并不意味着盲目地去复制现实，它意味着寻求各种关系的和谐"。从塞尚开始，西方画家从追求真实地描绘自然开始转向表现自我，并开始出现形形色色的形式主义流派，形成现代绘画的潮流。

初到巴黎的朱德群

1955 年，朱德群于巴黎拉丁区梦街留影

塞尚的前身是古典主义，身后是现代主义，而处于中间地带的他，是一位画家中的思想家——他生就一副哲学家般的绘画的眼睛，在他的绘画理论中，感觉、视觉与思考，三者是密不可分的。塞尚说："绘画里面有两件重要的事，一个是视觉，一个是心灵，但此二者在绘画中却必须要调和一致才行。所以说，作为一个艺术家，一方面，用我们的视觉观看自然；另一方面，用我们的心灵逻辑来统驭我们的感觉。这样我们才能将此二者和谐地展现出来，以达到我们表达的目的。"

塞尚关于"艺术心灵"的理论，也对朱德群产生了深刻的影响。他认为，心灵若还有动机与情感，就不能算是一个真正的艺术心灵。一个真正的艺术心灵，就是要做到将心灵的动机与情感，达到逻辑或方法之处理的程度，才能将我们艺术的视觉真正地表达出来。这是心灵与视觉的合一，也就是视觉、思考与心灵感觉的合一。

到法国以后，朱德群满心以为能见到老友吴冠中，但遍寻之后方知他已于5年前回国，朱德群失望之余，不胜惆怅。1946年一别，已有近10年未见，殊不知此后还有更漫长的等待。而此时在巴黎已有7年的赵无极，已是小有名气。

中式婚礼

1960年，巴黎美尼蒙丹街，一场中式婚礼正在举行——40岁的朱德群与27岁的女画家董景昭喜结连理。婚礼当天，景昭穿着自己亲手缝制的白色旗袍式婚纱，与朱德群牵手共度一生。此前，朱德群以景昭为模特创作的一幅肖像画在"法国艺术家沙龙"获得银奖，让朱德群更加欣喜的是，他娶了景昭之后，二人在生活和事业上互相扶持，他在法国画坛的地位也蒸蒸日上——这一年，勒让特画廊为朱德

朱德群、董景昭夫妇

群举办了个人画展，大获成功，朱德群也因此晋身"巴黎画派"，结识了巴黎画派的很多画家，为他在法国画坛的进一步发展打下坚实基础。

酷爱中国诗词的朱德群，也自然地把这种诗情带进了他的油画世界中。每当面对画布，他的情感便饱满而膨胀，时而豪情万里，时而云淡风轻，纵情恣肆，跃然纸上。他说，他画的是他感悟到的幻想中的自然。20 世纪 60 年代他多以单一色作背景，运用排笔和快笔挥洒出的粗细线条在画面上蜿蜒走笔，宽阔处如飞瀑直泻的水流，气势如虹；细腻处又含蓄温婉，透出丝丝乡愁。吴冠中曾以"大弦嘈嘈如急雨，小弦切切如私语"来形容朱德群画作的节奏感，点线起伏交错，加上画面光线的时明时暗，合奏出时缓时急、高低起伏的优美乐章。

"五月沙龙"

1950 年，赵无极与皮埃尔画廊签订了一份为期 7 年的合同，他的作品在美国、瑞士、伦敦等地展出。而在巴黎，他的作品还定期在"五月沙龙"展出。50 年代，赵无极的足迹遍及意大利、西班牙、英国、美国等地。旅行的经历开阔了他的视野，他的画幅也越来越大。他在作画时，喜欢听着巴赫或莫扎特的音乐启发灵感："循着有节奏的脉动，使光线在画布上也具有了节奏感。"（马蒂娜·孔唐苏：《将生命溶进工作》）

1951 年，赵无极到瑞士日内瓦参加画展，在那里，他第一次见到了保罗·克利（Paul Klee）的原作，在此之前他曾在一位画家的家里看到过克利的画册，但这次见到的原作令赵无极感到震撼。他花了几个小时反反复复观看那些作品中"符号的世界"："我为那自由的笔触和轻盈如歌的诗意所倾倒，小小的画面在他的营造下变得无限辽阔。"

保罗·克利是一位德国裔的瑞士籍画家，1879 年出生于瑞士，被称为"最富诗意的造型大师"。克利有一个时期沉浸在中国的诗歌和思想中，他有一句名言："艺术不是模仿可见的事物，而是制造可见的事物。"他认为，在和宇宙的关系中，视觉世界仅仅是一个孤立的实例，还有很多其他的隐而不见的真实，艺术家的任务就是要揭示可见事物背后的真实。克利的画把赵无极带入了一个令他"目眩的世界"，这个世界"充满诗意，别有洞天，它是通向我所寻求的世界的桥梁，但我把它作为捷径，为的是达到另一条道路"。于是，赵无极的画里也出现了"符号"，正如他的好友米肖在一次画展的"序言"中所写的："欲露还掩，似断还连，颤抖的线条描绘出遐思的漫游和跃动，这便是赵无极所喜欢的。忽然间，画面带着中国城镇乡村的节日气氛，在一片符号中，快乐而滑稽地颤动。"

赵无极曾经说："每个人都受一个传统束缚，但束缚我的传统却有两个。……也许矛盾的是，启发我回归本源的，是巴黎。"

1954 年，在巴黎的赵无极开始进入抽象画的世界。"在这个时期，我的画开始变得难以辨识。我正向虚幻而难以辨识的书法艺术推进。"他说。

赵无极开始尝试厚涂的更为流畅的油画层次，"给多姿多彩的颜色更大的空间，也给韵律更多的空间。"（孔唐苏）但是，观众对他的探索尚不认可，这一时期有整整两年时间，他的画一幅也卖不出去。赵无极在忆及这段艰难的经历时说："虽然大众不愿意买画，但我仍然坚持不断地创作。"1957 年，赵无极在法兰西画廊（GALERIE FRANCE）举办了他在该画廊的第一次个人画展。

巴黎赛努奇博物馆馆长易凯博士在一篇题为《步向现代艺术：巴黎的中国艺术家》的文章中说："第二代赴法的中国艺术家以另一种

青年时代的赵无极在巴黎（图片由赵无极基金会提供）

方法于法国发展。对他们来说，巴黎是一个让他们展现创作天分的地方，而非受训的地方。故此，当朱德群及赵无极抵达巴黎后，二人并没有进入美术学院进修。斯塔埃尔及克利的作品或激烈或渐进地将朱、赵二人推向抽象的方向。艺廊渐渐取代沙龙成为向公众展示艺术及获取艺圈注意的最佳场所。"

美国：无限期的旅行

> 一个旅行过的人的梦幻要比从未旅行过的人更丰富。
> 一位有教养的人的白日梦与一位没教养的人的白日梦，
> 除了一种被动状态，没有任何共同点。
>
> ——亨利·马蒂斯（Henri Matisse）

20 世纪 50 年代中后期，人到中年的赵无极经历了一场深刻的危机，迫使他与青梅竹马的结发妻子谢景兰分手。他创作的《暴风雨之前》《黑色群体》《撕裂》《火》和《我们》都是他这一时期压抑心情的写照。

1957 年 9 月，赵无极决定做一次无限期的旅行，他的弟弟赵无违住在美国新泽西州，他毕业于麻省理工学院，在数理方面颇有天赋，是一位有成就的工程师。兄弟俩自幼感情很好，赵无极到了美国就住在弟弟家里，因为当时国内的政治形势使他们都无法回国，思念亲人的苦闷将他们之间的感情联系得更加紧密。

在美国，赵无极结识了纽约库兹画廊的主人山姆·库兹，他是美国少数展览欧洲抽象艺术的重要画商之一。他后来成了将赵无极的作品引入美国主要博物馆的重要推手，在接下来的十年间库兹在自己的画廊里举办了 7 次赵无极的个展，直到 1967 年画廊关闭。赵无极的创作也受到库兹的影响，比如超大尺寸的绘画，最初是库兹要求的，后来逐渐成了赵无极绘画的主流。

赵无极在弟弟家里住了 4 个月，他按照赵无违卧室中一面墙的尺寸画了一幅长 221 厘米、宽 79 厘米的大画。整个画面以黑色为主调，隐约中还可以看到象形符号的影子，但画的右上方的暗红色似乎已经透出曙光。这幅画后来被美国密歇根州底特律艺术学院收藏。赵无违于 1979 年因喉癌去世，赵无极听到这个消息如同晴天霹雳，心里受到极大刺激，他在自传中说："我长久地心绪不宁，仿佛嗅到了也会向我袭来的死亡的气息。"伤心的赵无极创作了一幅《11.02.79——纪念我的弟弟无违》，画面的一半几乎是全黑色的，色调冷而暗，寄托了赵无极内心深处无以言表的思念之情。

赵无极在美国还结识了克莱恩、菲利普、瑞利等人，并参观了他们的画室。当时波洛克已经去世，但赵无极也参观了他的画室，波洛克的画风也透过这些美国画家对赵无极产生了影响。他说："我满怀喜悦地发现他们的创作是充满自发性的、既强烈又鲜明的绘画，我喜欢那种把颜料甩向画布的动作，好像没有过去，没有传统。"

纽约之后赵无极和一对画家夫妇结伴而行，先后到访美国芝加哥、旧金山、夏威夷和日本，后来他又去了中国香港和泰国、希腊、意大利，一年后回到法国巴黎。这中间在中国香港还发生了一段浪漫的小插曲，影响了赵无极以后的人生轨迹。

一天，赵无极在香港友人的陪同下去观看邵氏公司投资的舞台剧《清宫怨》，赵无极被在剧中扮演珍妃的演员陈美琴深深吸引。这位温婉清丽的年轻女郎，当时常常登上时尚杂志的封面。赵无极后来说："我对她一见钟情，她那完美的面庞上透着一种柔弱而忧郁的气质，令我十分着迷。"

陈美琴曾以"朱缨"为艺名拍过电影，有过一次短暂的婚姻，生有一子一女。与赵无极相恋之后，他们很快决定去巴黎结婚。

在准备启程的那段时间，赵无极在美琴家的客厅里支起画架，每天不停地画画。画面上如一团"熊熊烈火"，火光四溢。其中一幅题名为《绘画》的作品，表现了他遇到美琴时产生爱情的巨大情感波澜。

1958 年，结束旅行回到巴黎的赵无极，如约与美琴完婚。此刻，生命之舟又重新鼓满了风帆，38 岁的赵无极又开始到卢浮宫去欣赏籍里柯和德拉克洛瓦的画。生活对他来说又充满了希望。他在自传中说："我可以坦然地承认，我的画是浪漫的，它给我带来了极大的快乐，而最大的快乐，是作品本身。"

第四章

六十至七十年代

磨砺

IV

北京（二）：浩劫沉浮

> 一个劳动者的形象，一条耕地上的犁沟，一片沙滩，广阔的海洋与天空，都是美的。终生从事于表现隐藏在它们之中的诗意，确实是值得的。
>
> ——凡·高（Vincent van Gogh）

"中国的凡·高"

1966 年，"文化大革命"开始，吴冠中被禁止作画、撰文和教学，后来被下放到河北省石家庄李村劳动。此时，他的妻子朱碧琴也被下放到农村劳动，长子吴可雨在内蒙古草原牧羊，次子吴有宏在山西农村耕地，三子吴乙丁在北京远郊建筑工地做工。一家人离散五地，数年不得相见。

在吴冠中的画作中，经常可见"荼"字样的签名或印章，他自己解释说，"荼"是他的笔名，原义为苦菜，象征逆境中炽烈的感情，如火如荼。这正是吴冠中"文革"十年际遇与追求的高度概括。

吴冠中最推崇的一位画家是凡·高，这不仅是因为凡·高在色

凡·高《戴草帽的自画像》，1887年

彩上淋漓尽致的表现力，也不仅由于凡·高的画大胆而夸张地表现了人类的可怕的激情，更因为他与凡·高同样坚信："为工作而工作是所有一切伟大艺术家的原则，即使濒于挨饿，弃绝一切物质享受，也不灰心丧气。"（吴冠中：《身家性命烈火中——读〈亲爱的提奥〉》）

凡·高在给弟弟提奥的信中曾经说："即使我不成功，我仍要继续我所从事的工作，好作品不一定一下子就被人承认。然而这对我个人有什么关系呢？我是多么强烈地感到，人的情况与五谷的情况那样相似：如果不把你种在地里发芽，有什么关系呢？你可以夹在磨石中间磨成食品的原料。幸福与不幸福是两回事！两者都是需要的，都是有好处的。"吴冠中的经历和画风与凡·高有很多的不同之处，但是也许他们在逆境中的精神境界和坚定的信念，却是惊人的相似。从这个意义上说，我们也许可以把吴冠中称为"中国的凡·高"。

"粪筐画家"

1972 年，在劳动锻炼的末期，吴冠中才开始被允许每星期作画一次。因为乡下没有画具，他只好用当地的硬纸小黑板作画板，用农民拾粪的柳条筐作画架和画箱，人们戏称他为"粪筐画家"。

这一时期，他画出了一批感情真挚、乡土气息浓郁的油画，如《瓜藤》《高粱》《柴扉》《山花》《喜鹊》《丝瓜》等。他当时对自己的艺术要求是"群众点头，专家鼓掌"，由此形成他后来提出的"风筝不断线"的明确的艺术追求目标。

一生探索"油画民族化"和"国画现代化"的吴冠中认为，东西方形式美感中既有个性又有共性，"油画的民族化与国画的现代化其实是孪生兄弟，当我在油画中遇到解决不了的问题时，将它移植到水墨中去，有时倒相对地解决了。同样，在水墨中无法解决时，就用油画来试试。如以婚嫁来比方，我如今是男家女家两边住，还不肯就只定居在画布上或落户到水墨之乡去！"

一向以敢说真话、观点尖锐而著称的吴冠中，在探索东西方艺术融合之路时，也曾对中国画提出尖锐批评，他曾说："艺术到高峰时是相通的，不分东方与西方，但是有一个问题：毕加索能欣赏齐白石，反过来就不行。西方音乐家能听懂二胡，能在钢琴上弹出二胡的声音；我们的二胡演奏家却听不懂钢琴，也搞不出钢琴的声音，为什么？是因为我们的视野窄。中国画近亲结婚，代代相因，越来越退化。"

丰碑——《长江万里图》

1973 年，吴冠中被调回北京，受邀为北京饭店新楼创作巨幅壁画。1973 年 9 月至 1974 年 1 月，他与黄永玉、袁运甫、祝大年等为绘制《长江万里图》，到苏州、南京、黄山、三峡、重庆等地写生。据袁运甫回忆，当时在三峡写生，吴冠中是最辛苦的，经常清早入峡，天黑才返回，中午就啃几个冷馒头充饥。"每晚临睡前，他还要将画笔像擦枪一样擦洗。"

回京后，吴冠中根据写生素材创作了高 19.5 厘米、长 603 厘米的长卷《一九七四长江》，这是吴冠中油画作品中最长的一幅，作品描绘了长江从雪山源头，经三峡、庐山、黄山、太湖流域，一路东流入海的壮丽景色。按照吴冠中自己的解释其构思是："江南江北共浮云，松竹梅柳共诗情，点线块面新经营，愿与岁月同前进。"

多年后的 1990 年，吴冠中重读当年手迹，异常激动，又在画面上题字："1971 至 1972 年间，偕小彭、运甫、大年、永玉诸兄为北京饭店合作长江万里图巨幅壁画。初稿成，正值批判黑画，计划流产，仅留此综合性成稿，小彭兄冒批判之风险，珍藏此稿，今日重睹手迹，亦惊喜，亦感叹！ 1990 年 7 月 8 日北京红庙北里六号楼吴冠中识。"

题记中提到的"批判黑画"，是"文化大革命"后期"四人帮"对美术界发难，从批判一本名为《中国画》的画册开始的一场波及全国的批"黑画"运动。而这本画册是根据周恩来总理的批示精神精心制作的出口画样本，收录了 18 位中国画家的作品，包括李苦禅、黄永玉、许麟庐、陈大羽等。黄永玉画的一幅猫头鹰，睁一只眼闭一只眼，被认为是对社会主义不满。

这场"黑画风波"闹得沸沸扬扬，吴冠中也再次被卷入政治的旋涡，长江写生被迫中断，火速回京。风暴来袭，吴冠中匆忙将自己的画分成许多包，分散地藏到与美术界无关的亲友家中。那时他心想："也许等我火葬后它们将成为出土文物吧。"多年后，吴冠中重新回看自己六七十年代的作品，不禁感慨："那些在极端艰苦条件下冒着批判风险创作的风景画，凝结着作者真挚的感情，画面均无签名，也不记年月，抚摸着这些苦恋之果，欲哭无泪。"2006 年，吴冠中将这个时期创作的《一九七四长江》，捐赠给了故宫博物院。

后来，吴冠中根据这次长江写生素材创作了多幅作品，其中长 509 厘米、宽 22.5 厘米的巨幅油画《长江万里图》，被美术史家称为"吴冠中艺术生涯的一座丰碑"，在中国油画发展历程中具有重要地位。2008 年，吴冠中把《长江万里图》拍卖所得的 1200 多万港元，捐赠给清华大学设立"吴冠中艺术与科学创新奖励基金"，对创新型人才培养给予热情支持。2011 年 11 月，在北京艺融秋拍会上，油画《长江万里图》又以 1.5 亿元的成交价，刷新了吴冠中作品的拍卖纪录。

从 19 世纪 70 年代中期起，吴冠中兼作墨彩画，也同样带着水墨工具采用与油画同样的创作方式，"就这样我肩挑着'货郎担'在祖国大地上跋涉了 30 余年"。

"搜尽奇峰打草稿"。30 个寒暑春秋，吴冠中背着沉重的画具踏遍水乡、山村、丛林、雪峰，从东海之角到西藏的边城，从高昌古城到海鸥之岛，住过大车店、渔家院子、工棚、破庙……吴冠中诙谐地说："当我连续作画一天时，中间可以不吃不喝，很多朋友为我这种工作方式担心，有时中间我勉强吃一个馒头，结果反倒要闹消化不良的毛病。我备的干粮，总是在作完画回宿处时边走边啃，吃得很舒服，那才是西太后的窝窝头呢。"

1979 年春，中国美术馆举办吴冠中绘画作品展，这是吴冠中回国后首次举办全国性的大型个人作品展，这一年他正好 60 岁。

吴冠中的创作进入收获期，是在粉碎"四人帮""文革"结束之后了。这一时期他开始探索在油画中表现民族化，在水墨中寻求现代化。自称"艺术的混血儿"的吴冠中，晚年致力于在东西方艺术之间架桥。他认为："艺术的发展不同于科学的飞跃，它像树木，只能在土壤中汲取营养，一天天成长，标新立异不是艺术，拔苗助长无异于自取灭亡，但那种独创精神和毫无框框的思路，对我们则是极好的借鉴。"

正是在这个思想解放如春风春雨狂飙突进之际，吴冠中发表的大量激进的、具有强烈批判意识的前卫美术观点，也成了中国美术突破僵化的锐利"刀锋"而所向披靡。如他在《美术》杂志上发表的《绘画的形式美》《造型艺术离不开对人体美的研究》《关于抽象美》《内容决定形式？》等，这些果敢的真知灼见，和他在美术实践领域的探索一起，已经悄然奠定了他在美术史上地位的飞跃，虽然真正的荣耀尚未来临。

吴冠中 vs. 李可染："苦行僧"vs."苦学派"

20 世纪 60 年代，吴冠中常在江南写生，那时他还是用油画来写生，但当时有人认为他的画不是正规油画，苏联的专家甚至认为江南风景不宜作油画。于是，有一次，吴冠中把自己画的白墙黑瓦、桃柳交错的油画拿给李可染看。而李可染也刚从富春江等地写生归来，用水墨写生了一批江南风景。当时也有人批评李可染的写生不属于传统中国画。这对老朋友当时的境遇相同，二人惺惺相惜。

吴冠中"艺术生涯的核心"，按他自己的说法，就是"用绘画的眼睛去挖掘形象的意境"，这是他"数十年来耕耘的对象"，也是他工作中的"大甘大苦"。他说："我个人绝对不满足于纯形式的视觉舒适感，我更爱绘画中的意境，不过这意境是结合在形式美之中，必须通过形式才能体现。"

李可染与吴冠中的写生功力非一般画中国画的画家可比，而他们二人在改革中国山水画的信念和成就上，是具有可比性的，尤其是在风景写生方面，吴冠中的理念是边采风边创作，李可染是勤奋地对景写生、对景落墨，从写实到写意、从写境到造境。无论是吴冠中的"长江万里行"，还是李可染的"十出十归"，他们都是借助写生塑造新的山水意象，是身体力行的典范，并为最终成为大家奠定坚实的基础。

李可染提出"为祖国河山立传"的宏愿，他的山水画重视意象的凝聚。他强调作山水画要从无到有，从有到无，即从单纯到丰富，再由丰富到单纯。吴冠中自称"苦行僧"，李可染说"我是一个苦学派"，不靠天才，困而知之，一路踯躅而行，终成大道。

上海：炼狱十年

　　我越来越相信，创造美好的代价是努力、失望以及毅力。首先是疼痛，然后才是欢乐。

——凡·高（Vincent van Gogh）

林风眠卖画为生

　　1951 年，林风眠辞去艺专教授的职务，举家从杭州搬到上海南昌路的旧居。他辞职的理由是身体不好，要到上海去休养，并婉拒了校方的补贴、津贴，到上海以卖画为生。30 多年后他曾对时任浙江美院院长的萧峰说："我离开了艺专，但我对学校还是很怀念的，因为在这所学校里差不多度过了我整个青春年华。"从他 28 岁当校长，到 51 岁决定离开，这 20 多年是他实践自己的美术教育理念从播种、耕耘到收获的全过程，也奠定了他在中国美术史上不可撼动的地位。

　　上海南昌路 58 号的旧居是一座二层小楼，下面是客厅和厨房，上面有两个房间。林风眠住在小房间，妻子和女儿住在大房间。画室就在林风眠的房间里隔出一块地方，一方面作画，另一方面也是一个

林风眠

小客厅，朋友来了喝茶聊天也在这里。林风眠在上海的朋友圈是他的精神家园，这些朋友中有些是艺术上的灵魂伴侣，可以深入沟通、互相启发并彼此欣赏；有些是生活上的挚友，在寒冷的日子里依然能抱团取暖，不离不弃；有些有着共同的爱好，可以一起看电影、旅行、品尝美食……所以虽然生活里不乏苦涩与清寒，尤其是妻子和女儿远赴巴西定居之后，林风眠的孤独与寂寞是显而易见的，但是他并没有失去安全感，并没有失去创作的乐趣和信心。直到"文革"开始，狂风骤雨式的政治运动，让林风眠的生活失去了方向。

吴大羽失业十年

吴大羽在上海的境遇并不比林风眠好，他和夫人寿懿琳 1940 年夏天从重庆辗转香港回到上海，住在延安中路百花巷的石库门小院。

一开始一家 4 口住得还比较宽裕，一楼是吴大羽的画室。但到了 20 世纪 50 年代以后，一楼挤进来两家，二楼又住进一家，吴大羽的画室就被挤到不足 10 平方米的阁楼上了。后来吴冠中、赵无极都曾来过这里，他就是在这个阁楼里写下 50 万字的艺术笔记。

从 1950 年到 1960 年，吴大羽经历了长达 10 年的失业，生活全靠在中学担任教师的女儿吴崇力和儿子寿崇宁微薄的工资度日。但吴大羽的创作始终没有间断，他和学生张功慤常常在周日带上干粮到公园或湖边去写生，一画就是一天。当时张功慤在一所中学里当美术教师，他成了陪在老师身边最近的学生。

朱德群曾经说："我们几个都是吴大羽的作品。"吴大羽用他的艺术思想深深地影响了学生们的一生。他跟学生一谈起艺术就两眼放光，非常激动。他说："艺术的前身是自由，后身是大悲。"他解释说："创造发明才是人生的自由。人生也有起步，前身曰画自由，后身曰画大悲，大彻大悟才能获得大自由，而人生的价值在自知。不是师承的师承，是最好的师承。"正如北京大学专攻艺术哲学的朱良志教授所言："吴大羽作为中国 20 世纪抽象油画奠基人的地位不容置疑，他作为 20 世纪中国美术界最有思想的一位艺术家的地位是不容置疑的。"

他用一生的审美体验和思考功力，领悟出艺术的真谛。他认为："每个人的艺术境界，是随着年龄的增长而变化。个人的境界、见地、学识、修养各方面提高了，自然结合和有意抛弃是有区别的。……艺术是潜移默化，要去学，又不能学；不是吸收，是溶化。可以说，人到了一定的年龄，境界也到了一定的境界，绘画艺术是作家非说不可的自然流露。"

对于往事，他说："我回避追忆对巴黎敬爱的因素，因为它美丽而又尊严。我无以报谢它的惠风施情和好意。我不肯返回西湖畔去，因为西湖的清明永远健康地驻我心中，我怕会见不到它昔年的光亮。"
他说："是，我不能放言，我在描画，我在描写山光水色，直抒胸襟，
我在描写花鸟虫草之微，细嚼风韵，我在描写时间的奔流去来，就我
们共同血脉相通之际，描写心底的谦卑、知觉的昂扬。"

1960 年，上海成立美术学校，吴大羽再次走上讲台，但很快因
思想不合潮流而再度赋闲。1965 年，吴大羽加入上海油画雕塑创作
室，后该创作室与上海中国画院合并为上海画院。他曾担任上海画院
副院长。

吴冠中说："解放以来极左路线伤害了太多作家，吾师遭残害最
久、最深、最甚……我仗理直言，非局限师生情怀。吴大羽从技术到
艺术，再到做人，从东方到西方再到东西方，从有法到无法的艺术发
展道路，在中国美术史上是一个极为突出且十分丰富的现象。'吴大
羽现象'值得大家研究。"

林风眠身陷囹圄

1965 年 11 月的一天，林风眠的学生潘其鎏匆匆来到林风眠位于
南昌路的寓所，他带来了一份 11 月 11 日的《文汇报》，上面刊登了
姚文元写的一篇批《海瑞罢官》的文章。经历过反右运动的林风眠非
常敏感，感觉到风向不对，在与好友傅雷的通话中提醒他少说为佳，
好自珍重。

早在 1957 年，文艺界开展整风运动，林风眠先后写了两篇文章：
《美术界的两个问题》和《要认真地做研究工作》。他在文章中谈到
美术界的百花齐放问题，他认为解放后的中国美术教育陷入学院派的
死胡同。傅雷也真诚地提出了自己的看法，但他们完全没有想到之后
的风暴让他们濒临灭顶之灾。

　　果然，1966 年 8 月，上海的红卫兵开始抄家，巴金、傅雷、沈尹默、谢稚柳等文化界人士的家都被抄了。紧接着，传来了傅雷和夫人朱梅馥在家中自缢身亡的消息。林风眠既悲愤又震惊，他没有想到形势如此严峻，担心自己的画一旦被抄出来也是"罪证"，于是连忙将自己积累多年的画作东藏西藏，最后下决心"毁画"！在学生潘其鎏的帮助下，他们先是用火烧，后又担心浓烟蔓延被人发现，索性把那些画在宣纸上的作品泡在浴缸里，然后用抽水马桶冲掉。潘其鎏一度觉得实在太可惜，建议留几张最新最好的画作，但林风眠坚定地说："留它干什么，那是罪证，被红卫兵发现还得了。"他说："我还可以再画！"

　　据吴大羽的学生张功悫回忆，当时上海很多老画家都自毁作品，他和吴大羽的作品都是油画，家里人帮着用刮刀刮去油彩，但是油彩很不容易去掉，不得已只能当作雨布放到房顶上去风吹日晒。只要听到敲门声就心惊肉跳，张功悫在中学里教美术多年，但学生们完全不知道他自己也创作油画，终于躲过一劫。

　　但是林风眠如此小心翼翼也还是没有躲过劫难。1968 年 8 月 15 日，几名公安人员来到他家，问明他是林风眠，出示了"拘留证"和"搜查证"，然后将他带走了。后来他才知道，自己头上被扣上了莫须有的"特务"罪名。原来，他以前在北平艺专时的学生邓鹤皋（邓洁）在"文革"中被当作日本特务隔离审查，而当年林风眠在邓鹤皋做共产党的地下工作时被捕后逃狱到杭州，林风眠收留过他。

　　日后在回忆这段铁窗生涯时，林风眠曾对去香港探望他的萧峰（时任浙江美院院长）说："近五年的监狱生活，逼我承认是日本特务，简直是笑话！实质是想从我这里捞到打倒周总理的材料。我不能满足他们的愿望时，就对我像狗一样，连吃饭也要反扣上双手。"

　　1972 年，在周恩来总理的亲自过问之下，林风眠才因"无确凿证据"而被释放。结束了四年多的铁窗生涯，林风眠身心俱疲，他回到南昌路的家，安心休养了一段，身体才慢慢康复，才又作起画来。

赵无极回沪寻恩师

1972年，赵无极在阔别祖国24年之后第一次回国探亲，但令他感到晴天霹雳的是父亲已于1968年含恨辞世，母亲和家人一直瞒着他没有告知实情。1948年上海码头与父亲一别竟是永诀！这对赵无极来说是无论如何也接受不了的现实，对于没有能回国探望父亲、在他有生之年见他最后一面，这件事令赵无极终生遗憾，他在唯一一本亲自撰写的自传中说："没能再见父亲的悲痛与遗憾常使我彻夜难眠。我仿佛又看见他注视着我的慈祥目光，特别是当我天真地告诉他我要当画家时，那目光中增加了肯定。没有这份信任，我也许就不能坚持下去。也许会像最初设想的那样，做一名外科医生。"他后悔地想，自己哪怕到大陆探望他一次也会是一种莫大的安慰。他甚至宁愿因此被红卫兵戴上"卖国贼"的高帽去游街示众。

回到上海的赵无极，还到处打听恩师林风眠的下落，以致惊动了周恩来总理。当时正值"文革"中，林风眠的处境非常艰难，虽然那次未得相见，但在周总理的亲自过问之下，林风眠得以获得自由。

1975年，赵无极再次回国，他与恩师在上海终得相见。那日，林风眠被通知有外事活动，当他看到这位"法国朋友"竟是自己当年的学生赵无极时，一时激动语塞。而赵无极见到久别的恩师更是激动得行大礼长跪不起，落魄中的林风眠与赵无极抱头痛哭。这一份师生情谊，怎一个"感动"可以言说。

近现代美术史学者汪涤在《林风眠之路》中对林风眠1937年至1977年40年的艺术生涯作了这样的评价："在20世纪中叶漫长的40

年时间里，林风眠没有能够成为中国美术界风云际会的领袖人物，没有实现他早年艺术救国、美育代宗教的恢宏理想。无情的现实使这位富于浪漫色彩的艺术家的梦想一次次幻灭了，他一次次地收缩着自己的阵营，从大学校长到普通教授，再到普通的画师，甚至是阶下之囚，但是他对艺术史的影响却不能说是消失了，而是换了一种实现的方法。虽然他失去了早年的那些荣耀，但这客观上使他走得更加稳健。虽然他个人的艺术实验常常受到来自各方面的非议和责难，但他却像一个老石工那样顽强、坚韧地工作着。他找到了艺术家的本分，用自己新颖、独特的作品来解答 20 世纪以来复杂而多变的艺术课题。在那苍白而单调的时代里，林风眠所关爱的新艺术就像他栽种的石蜡红，历经风雨依然生机勃勃如燃烧的火焰，在适当的环境与时间里它们会迸发得更加热烈而灿烂。"

巴黎（三）：艺都扬名

艺术不是再现，而是表现。

——保罗·克利（Paul Klee）

重新发现中国

1959 年，赵无极乔迁新居，搬到距离蒙帕纳斯不远的荣古瓦街，并有了一间大画室。自此他开始热衷于画大画。"新画室使我得以创作大画，那里有足够的空间可以退后观画和搬动作品，可以轻易地前后移动画架，我终于发现大幅度挥动画笔的痛快。"他一发而不可收，进入专画大画时期。

20 世纪 60 年代，赵无极的画风出现了显著的变化，他作品的幅面更加宏大，作品中的明暗对比，也被更有效的色彩运用所取代。"从这时起，他的作品已不再企图让人联想到，这是一个世界，或这是力量的对抗，而是让人看到因对抗而发生的确切的地方。"（艺评人达尼埃尔·阿巴迪语）也正是从这时开始，他的作品不再有标题，而是简单地注明作画的日期。赵无极在自述中说："我发觉在大画中比在小画中更容易找到平衡，总可以补救。得找到整体效果，当然整体未必是一眼可见的。"他也由此从感性的绘画进入空间的绘画。

1961 年，赵无极在回答一个问题时说："如果说巴黎对我的艺术发展有着不容否定的影响，我还必须说，随着我性格的定型，我还重新发现了中国。这一点在我最近的作品中已表明了，那是我固有的东西，是巴黎使我重新又回到我最深的根基，这看似荒谬，但事实确实如此。"

1962 年，他为一本名为《西方的诱惑》的书创作了一组石版画插图。1964 年，赵无极入法国籍。

1966 年 4 月 1 日，赵无极完成了他的第一幅三联画，这幅长 358 厘米、高 195 厘米的大画，采用了西方艺术中多联画的旧传统，同时也与东方传统的屏风画不谋而合，探索在更大的空间里挥洒自如，也是追随美国画家趋向画超大尺寸绘画的新潮流。这幅画是一个开始——此后赵无极的两联作、三联作作品层出不穷，佳作也不断涌现。

艺评人达尼埃尔·阿巴迪认为，赵无极一直在不断思索如何用合乎现代的观点赋予中国绘画中那个特定的空间一种全新的内涵，"为这一传统添写它自己所不能表达、不能添写的新篇章"。为此，他"必须靠自己的传统、借助油画、抽象和强烈色彩的运用，来检验这一传统中具有普遍性的东西。赵无极在他自己的领域中重新发现，带有神秘色彩的经验，就是得先失去自己，然后再找回自己的经验"。这样，他才能在"符号花园"中成熟起来，"一点一滴地达成老子所说的生命极致——没有形象的画，才是最伟大的画"。

"作画是画面和自己之间的一场战斗"

20 世纪 70 年代，赵无极创作了一批"三联作"作品，其中最具代表性的是《向安德烈·马尔罗致意》。这幅作于 1976 年 4 月 1 日、目前珍藏于日本箱根露天博物馆的画作，高 2 米，宽 5.24 米，看似一部三部曲式的"抽象版"宏大叙事，三幅既独立又连贯的作品形成一个整体，有统一的韵律。他说："作画是画面和自己之间的一场战斗，一场有形的争斗。尤其是在一幅能包容人类千姿百态的巨大画面上，作画是一项真正的工程。你必须全心全意地投入。"

1972 年 3 月 10 日，赵无极的第二任妻子陈美琴去世，两周后他回到阔别 24 年的中国，先后到访北京、上海和杭州。1975 年，他再次回国探望病重的母亲，此前他还陪母亲回到她的故乡苏州。这个时期赵无极的创作进入旺盛期，他作品的用色越来越丰富，也越来越大胆，他的作品在世界各地的画展中展出。

1977 年，赵无极与法国人弗朗索瓦·玛尔凯女士结婚，这是他的第三段婚姻。

"超脱风景画"

20 世纪 60 年代，朱德群已与勒尚特画廊签了约，画廊买断了他的作品，每月他开始有了固定的收入后，朱德群的生活不再有后顾之忧。1961 年，朱德群的大儿子朱以华在巴黎出生，他为儿子取名"以华"，希望他以中华为精神之家，不忘中华。

在画廊的帮助下，后来他又搬入巴黎 20 区美尼蒙丹街法国政府给艺术家租住的公寓。他把两室一厅中的客厅作为画室，开始可以画较大幅的作品了。

这个时期朱德群开始探索"超脱风景画"——"自如地表达他的感受，尽情宣泄出他自己的深刻的本性"，法国艺评家朗贝在一篇题为《朱德群——超脱之风景画》中这样评价："我用'物质幻想'这个字眼，并应用古希腊伟大的'宇宙梦幻者'词语，可能与中国古代相去甚远。"他认为："朱德群的画从此就不是抽象了，他的画呈现出对这世界诗意的默想。这是一个充满活力的、变幻不停的、具有生命力的无限空间，在他每张画里都显现了这些空间。"

夏季来临，朱德群常常举家到海滨度假，有时去法国西海岸的布列塔尼，有时去南部地中海之滨的格里莫。在海边，他常常一个人坐在岩石上，"静静地用眼睛和心去壮游海景"。他说："在这种壮游中，偶然的色彩组合，偶然的一个造型，偶然被视野框住的一个构图，都可能让我产生一种说不出来的冲动。"他把这种感觉内化在记忆里。1964 年的一天，他走进画室，像往常一样打开收音机，他一向喜爱

20 世纪 60 年代，朱德群、董景昭夫妇在卢森堡公园

20世纪60年代，朱德群与妻儿

朱德群与长子朱以华

的古典音乐台正在播放德彪西的交响乐《大海》。从"黎明到中午的大海"到"风与海的对话"，蔚蓝色的大海由平静、肃穆到在风中积聚能量，雪白的浪花在激越的宣泄中四散开来……大海！朱德群头脑中存储的对大海的激情一下子被触发了，他挥动画笔在画布上尽情地挥洒着，仿佛在海上冲浪般自由驰骋。作品《大海》的第一稿就这样完成了。

这个时期他还创作了《海之恋》（1964）、向宋代画家范宽的《溪山行旅图》致敬的作品《源》（1965）以及《316 号构图》（1968）等。20 世纪 60 年代朱德群还先后应邀参加了美国匹兹堡卡内斯博物馆的现代国际画展、瑞士日内瓦当代画廊展和巴黎"比较沙龙展"等。1968 年，朱德群赴瑞士克斯林根的拉采画廊举办个展，正是在这一年，他的二儿子朱以峰出生。他为二儿子取名"以峰"，希望他以山峰为自己的人格图腾和事业攀登的高度。

常玉的背影

20 世纪 60 年代是常玉在画坛日渐艰难的时期，他因为发明乒乓网球耗尽了财力，而国内家庭变故、长兄常俊民早已去世，所以家里也不能再寄钱给他了。

在法国，对常玉帮助很大的是著名的艺术活动家亨利·皮尔·侯谢，由于他的引荐常玉进入了巴黎画派，与毕加索、莫迪利亚尼、马蒂斯、藤田嗣治同属一个流派；另一位鼎力支持常玉的是荷兰作曲家约翰·法兰寇，他基于对常玉作品的欣赏而在 30 年代为他举办过 3 次画展。

吴冠中曾经有一段评价常玉和藤田嗣治的文字，被认为是比较客观的："二三十年代在巴黎引起美术界瞩目的东方画家似乎只有日本的藤田嗣治和中国的常玉。我在 40 年代在巴黎看藤田嗣治的画，觉得近乎制作性强的版画，缺乏意境，缺乏真情，不动人。是巴黎对东方的肤浅认识，还是画商利用对东方的猎奇而操作吹捧，结果画家扬名了，走红一时。常玉与藤田正相反，他敏感，极度任性，品位高雅。由于他的放任和不善利用时机，落得终生潦倒。"

常玉一生追求自由，而自由常与孤独和寂寞相伴。他在暗夜里的乡愁，被他画在生前最后一幅油画里：一望无垠的沙漠中，一头极小的象在奔驰。他说："那就是我。"这是他画的最后一幅油画，那时是 1966 年夏天。同年 8 月，常玉在巴黎寓所因煤气中毒而去世，享年 65 岁。

常玉去世后 11 年——1977 年，法国画商希耶戴在巴黎举办主题为"礼赞常玉"的常玉作品回顾展，他 1964 年从侯谢的遗孀手上买下常玉的多幅作品，之后不遗余力地推广宣传。2004 年，巴黎东方吉美博物馆举办常玉生平作品大型回顾展，展出了常玉在法国 40 年间的各个时期的代表作，为世人发现常玉、重新认识他作品的艺术价值创造机会，也将常玉从被人冷落的角落里发掘出来，搬上艺术的殿堂。他的作品在拍卖市场也是连创新高，成为抢手的焦点拍品。

这位被认为是"一个莫迪利亚尼式的悲剧性人物"，一位洋溢着波西米亚风格的中国艺术家，是 20 世纪最富传奇色彩的华人艺术家之一。

"诗意的自然空间"

1970 年，朱德群坐上开往荷兰阿姆斯特丹的火车，去观看荷兰绘画大师"伦勃朗诞辰 300 年回顾展"。画展结集了来自世界各地的伦勃朗的重要作品，参观的人把展览大厅挤得满满的。

1968 年，朱德群在巴黎个人画室内

细心的朱德群发现，伦勃朗在他所绘的每一个人物的表情、姿态、手势等细节中，都赋予了作者丰富的情感和内涵。而这也是中国传统文化中最重要的因素之一。而伦勃朗对光线的运用，也给了他深刻的启示。这位 17 世纪的绘画大师在用光上非常讲究，他谨慎地控制高光和亮部的表现，而对画面的阴影和暗部中层次分明，描写细腻，加深了画面的感染力和神秘感。这一发现对朱德群作品的创作理念"光源"有重要的影响。

"朱德群认为，画家对光的运用不仅仅是绘画的技巧，而是出自作者内心的真实感受，是来自他的宗教信仰和诚挚感情而自然释放出来的。这些都赋予了作者深度和内涵，使其能感动 300 年后的现代观众。"（吴刚：《朱德群》）这次画展成了他艺术生涯中的重要机缘，为他中后期绘画风格的确立和成熟产生了重要影响。

20 世纪 70 年代，朱德群在他创造的"诗意的自然空间"里尽情遨游。这一时期朱德群画展不断，法国、卢森堡、意大利、德国等地都有重要的个展和群展，他的作品内涵越来越丰富，风格也越来越多样，感觉也越来越得心应手。这一时期的创作，为他 80 年代走向巅峰积蓄了能量。

第五章　八十年代

辉煌

V

北京（三）：艺术新生

这是诚实的人保存在艺术中的最最终必要的东西！
然而并不是谁都懂得，美好的作品的秘密在于有真实与
诚挚的感情。

——凡·高（Vincent van Gogh）

双　燕

1981 年春天，宁波火车站，吴冠中在旅行当中路过此地。时间
尚早，离开车还有一段时间，吴冠中饶有兴致地在火车站附近的街巷
里漫步。初春的江南，云淡风清，满目舒爽，一个池塘边古朴的大宅
院引起了他的注意。白墙黑瓦，老树新芽，水中倒影。他似有所悟，
急忙从随身的背包里取出画具，把这江南美景几笔画了下来。画完之
后，他又在房顶上方添了两只小小的飞燕，寂静的画面顿时活了起
来。"有诗情，有画意，即使燕子飞去，画境犹存。"这幅《双燕》后
来成了吴冠中新水墨画的代表作。

吴冠中的故乡在江南，他对这一方水土有着极深的感情。他

吴冠中在北京万庄家中 （闵捷摄）

曾说："我一辈子断断续续总在画江南，在众多江南题材的作品中，甚至在我的全部作品中，我认为最突出、最具代表性的是《双燕》。"1988 年，他又画了同样风格的《秋瑾故居》，这次他在屋顶的电线上画了一群小燕子；1996 年，他又画了《忆江南》。多年后，这三幅作品在香港艺术馆被并列展出，吴冠中深感自己的良苦用心被策展人、香港艺术馆馆长司徒元杰心领神会——这三幅作品正好代表了他从具象到接近抽象的发展历程，并很好地诠释了他内心深处那一份隐隐的乡愁。吴冠中暗暗记下了此番"知音"的情分，后来真的将这三幅心爱之作一并捐赠给了当年的策展方——香港艺术馆。

"水墨生涯"

20 世纪 80 年代初，北京后海，吴冠中家。房间很小，人和物品挤在狭小的空间中，近窗的地方摆放了一个小办公桌，桌上的画毡只

吴冠中夫妇、朱德群夫妇和熊秉明夫妇合影

能画小画。最初开始尝试画水墨画，也是条件使然。1974年的一天，儿子吴可雨从内蒙古插队返京，带回一双放牧时用的毡靴。妻子朱碧琴用剪刀将毡靴剖开，吴冠中就从这一方小毡垫上开始了他的"水墨生涯"。

吴冠中最早的一幅水墨作品是以山城重庆为表现对象的一幅彩墨画："黑云犹压城，笔底偏赋彩，何也？时过境迁，已忘怀。"这幅名为《重庆山城》的小画深得吴冠中的老友郑为的喜爱，吴冠中就将此画送给了他，并在1988年补上一则短序："这幅小品是我油画生涯与墨彩生涯联系的港口，郑为兄见而喜，因相赠，时约七十年代中期。每至郑家，于其斗室见此掌上明珠，反射出我对油画之情怀及日后墨彩海洋中朦胧的航向。"

1979年，巴黎老友熊秉明到北京看望一别近30年的吴冠中，他来到他在后海小院的家中，吴冠中像当年一样拿出他画的油画和水墨画给老友观看。身为雕塑家和巴黎大学东方语言学院中文系的教授，熊秉明在艺术上的造诣很深。他怀着激动的心情仔细观赏，直言不讳。"我觉得画作几乎可以分为两类：一类是长途跋涉，在大地上搜奇揽胜的学生；一类是门前的瓜藤，近郊的水田，渔港里泊着的渔舟。我觉得更喜欢后者，因为对对象的感受较深，情感较浓，无论形与色的意味都更隽永。远行学生的一类给人以新颖明朗的感觉，表现了对于对象惊喜的倾心，但没有日夕相见的故旧感。然而，后来我发现这分法是不正确的，因为两类正逐渐相趋近、相合一。门前的东西活泼新鲜起来，而远方的事物渐染了难说的甘冽和亲切。"毕竟是老朋友，熊秉明对吴冠中的了解确实比别人更透彻："他的江南，一座疏林，一片白墙，一枝红杏，几只水鸭……都是他熟悉透了的，而他以轻快的笔法去描绘，似乎匆匆来了，即将离去；它们即将消逝，好像以第一次见到的惊喜的眼光去看，新鲜极了。而他画华山、玉龙、漓江、三峡、海南岛、大漠……似乎早已爱过它们，以轻松的熟悉的心来温习它们的面貌，他用游子归来的快活的、微醺的墨和色去渲染。"正如吴冠中自己说的，到江南是"回来"，北上是"回去"，"我永远在祖国的怀抱中"。

当年与吴冠中一起讨论了三天三夜该不该回来的熊秉明，选择了留在法国，但实际上直到1957年他还在纠结之中，因此将书斋取名"断念楼"，吴冠中见了一语破的地说："之所以叫断念楼，正是因为还不能断念呢。"两位好友互为参照，熊秉明说："看了他的画，留在记忆里的是一篇抒情的家园的赞歌。这里的家园是江南，是江南以南，江南以北，江南以东，江南以西。他有鱼戏水中的快乐，使人羡慕。"

中国艺术研究院研究员刘骁纯在评价水墨画创作在吴冠中创作生

涯中的成就及作用时这样说："纵观吴冠中气象万千的绘画创作，在它的复杂的变化当中贯穿着一条线——向现代观念转化。他以水墨为先导，油画为后继，马不停蹄地实验着、探索着。水墨由写生到小写意到大写意直到逼近抽象的进程，带动着油画的相应蜕变。油画中不易实现的，他到水墨中去畅游；水墨中难以求到的，他又到油画中去尝试。如此互动递进，以数年一大步的高速度，快速甩掉了越来越多的同路人和近路人，获得了越来越大的创造性。也就是说，水墨画在吴冠中艺术的发展过程中处在先导地位，一切观念上的冒险，吴冠中都是从水墨画开始尝试，然后逐渐向油画渗透。"

刘骁纯认为，如果不是吴冠中的水墨，他不会产生如此强烈的世界性反响；同样，如果不是他的油画，也不会育化出这种吴冠中式的水墨。"在众多穿行于油彩和水墨之间的前辈艺术家中，吴冠中是唯一一位使油彩和水墨两者相生相依、相生相克、冲撞亲和、化为一体的艺术家。"（刘骁纯：《自然抽象观念的孕育和形成——论吴冠中的水墨画》）

香港（一）：潜心作画

羊群在薄暮中回圈，是我昨日听到的交响乐的尾声。白天像梦一样地过去，我是那样专心致志地沉醉在动人的音乐中，以至于差不多忘掉吃喝……现在看看我从那里带回了什么？只是一些涂鸦。可是我把另一样东西带回来了——一种对工作的稳定的热情。

——凡·高（Vincent van Gogh）

林风眠定居港岛深居简出

1977 年 10 月 19 日，林风眠在席素华、冯叶的陪同下离开上海飞往广州，再经深圳来到香港。初来乍到的林风眠借住在中侨公司的一个亲戚家里，对于香港闹市区的嘈杂和生活的快节奏颇感不适。他在给好友袁湘文、潘其鎏的信中写道："现在是晚上九十点的时间，香港最热闹的时刻，吵闹使人难以入睡。香港的灯光是美丽的，城市是新式的，但空气是污染的，车子多人多，生活在这个城市里，真是不习惯，一个人走到另一个世界时，比较之下才会感到安静生活的幸福。真想念我在南昌路时的生活，早上起来晒晒太阳，种种仙人掌，有时画画读书，和你们聊聊天，比起这里的生活生疏讨厌真使我难受了。"

这是他刚到香港不到一个月时的感受，他在信中说："这里每个人都为生活急急忙忙、东跳西逃的样子，谁也不管谁，人与人之间利益关系更突出，人变为没有感情的动物，我想我要到一个更远更生疏的地方，连话也说不通，出门也行不通的地方去，我真没有勇气了。想想在上海多么安静，这是幸福，是人生难得的东西，在生活时是感受不到的，在失去时是痛苦的，什么时候才能再得到这个安静呢？天晓得。"背井离乡、寄人篱下的苦闷，令他重新反思什么是生活的

林风眠故居（杭州）

快乐和幸福："一个人最快乐的是平平常常，生活简单，不怕没饭吃，没有生活的恐惧，有真实的朋友，有真实的感情，现在我真正认识了人生的幸福是这些，决不是名利空想的欲望。"

林风眠对杭州的怀念持续终生，虽然他从离开后再也没有回去过，仿佛很怕现实的触碰破坏了记忆中的模样，宁愿让它们一直保持画里的样子。1978 年 6 月他在给袁湘文的信中说："昨天去看电影《湖山盟》，这片子是在苏州、杭州拍的，描写聊斋中女鬼连锁的故事。看见好久没有看见的苏州风景，想到湘文的家乡苏州许多园亭，杭州的平湖秋月，也可以说是我的第二故乡，我在那里住了十年，而且也是比较安静快乐的时代。这些风景给我许多无限的回忆。"

由于童年在广东梅州山区的大自然中度过，养成了林风眠一生贴近自然的习惯。他说："对树木、崖石、河水，它们纵然不会说话，但我总离不开它们，可以说对它们很有感情。我想，由于这个习惯，也许就因此丰富了我对一切事物和自然形象的积聚，这些也就成为我画风景画主要的源泉。"

在 2012 年 5 月香港佳士得举行的"亚洲二十世纪艺术专场"拍卖会上，林风眠在 20 世纪 50 年代创作的油画《宇宙锋》，以 1164 万港元成交，拔得该场拍卖会头筹。

朱德群来港探望老校长

1983 年，香港中文大学艺术系邀请朱德群担任毕业生校外评审教授，这真是一个难得的机会，朱德群欣然前往。这次为期一周的旅行中，他的一个重要任务，就是要去探望恩师林风眠。

时任香港中文大学艺术系主任的刘国松，听说老师朱德群要去看望林风眠，也希望拜见"老师的老师"，于是陪同前往。林风眠在家

中盛情款待了他们，他对朱德群说："你还是一个老派的学生，对老师尊敬，讲究师道尊严。"朱德群谦逊地说："您是我的老师，没有老师怎么能有学生？师徒如父子，没有父亲怎么能有儿子？"1986年，朱德群在香港举办纸上作品个展，林风眠出席了开幕式，还为展览写了序言。

阿姆斯特丹

如果你努力地领悟被描绘的对象，同时紧紧抓住内心已有的东西，如果你埋头工作，不用去在意别人说什么，你便可以平心静气地面对未来。

——凡·高（Vincent van Gogh）

朝圣——凡高博物馆

1998 年，荷兰阿姆斯特丹凡高博物馆。79 岁的吴冠中依然精神矍铄，目光锐利，他在儿子吴可雨的陪同下，来向他心中的偶像朝圣。吴冠中说，凡·高的灵魂"召唤了我一辈子"，"三十年代学画，不足 20 岁，对凡·高作品一见钟情，终生陶醉"。他认为，当年凡·高的画"情之火热与色之华丽竟得不到共鸣，实在是颓废传统的审美观堵塞了人性的眼目。凡·高对自己的艺术是完全自信的，虽然当时他的画没人要，但他依然坚信日后将值五百法郎一幅。他的《向日葵》在日本创出天价时，一位日本友人对我说："如果凡·高醒来，他将再次发疯。"而此刻站在凡高博物馆里，吴冠中感到，如果凡·高醒来，他会看到全世界都在倾听他这个"红头疯子心脏的跳跃"。吴冠中不禁感慨："艺术，似乎可有可无；艺术，它又使人回归童心，迷恋童心。"

凡·高《向日葵》

巴黎（四）：异域重逢

　　一幅画中所有元素的和谐与工作激起的感觉的结合之间存在联系，它有助于心灵自发的传达。人们称这为自发传达感情，它不是出自一个简单的事物，而是复杂的事物，通过主题的纯化，通过表现它的人的心灵的纯化来获得。

——亨利·马蒂斯（Henri Matisse）

老友重逢

　　吴冠中与朱德群 1947 年南京一别，转眼就过去了 34 年。再次相见是在 1981 年，吴冠中率文化部代表团访问非洲，途经巴黎时，他第一眼就望见了前来迎接的老友朱德群。久别重逢，有太多的话要说，朱德群索性邀吴冠中到他家小住，二人畅叙别后之情。

　　在朱德群的画室，吴冠中看到了老友抽象风格的新作，他的评价是："抽象形式，仍不过是作者具象风格的演变和进展，因作品的动律永远缘于作者心脏的搏动。我们谈 40 年来彼此的路，路崎岖，路

"三剑客"聚首

曲折，甘苦有异同，而艺术中的探索却异曲同工，看了作品，无须解释，正如我们讲的是母语，不用翻译。"

虽然分别多年，但毕竟是同行兼知己，吴冠中敏锐地发现了朱德群作品的两类倾向："一类倾向'扩张感'，用色以冷调为多，淡雅透明，汲取了也发挥了宣纸墨趣的效果，色韵结合了墨韵，不难于此辨认中国传统绘画的气质。另一类倾向'包围感'，用色以暖调为多，表现中光感起了主要作用，观众如瞥见电殛丛林，火生原野，混沌宇宙中珠宝透出异光，东方画家与伦勃朗拥抱了。"吴冠中后来在一篇题为《海外遇故知——访巴黎画家朱德群》的文章中总结道："也许作者自己并未意识到，但我感到这两类不同的倾向透露了作者曾在两条道路中艰难探索的脚印：从东方出发寻找西方，又从西方出发回头寻找东方。作品大都无题，但我可以代为命题：《奔腾》《滂沱》《蜿蜒》《沉浮》……然而我发现有一幅作品是作者自己命了题的：《怀乡》。"

第二日，朱德群带着吴冠中去看了一些新画廊，并向他介绍了近十年来巴黎美术界的新动向。老友熊秉明也前来探望，三位老同学在母校附近的一家咖啡馆长谈，熊秉明提了一个尖锐的问题："如果你当年不回去，必然亦走在无极和德群的道路上，今日后悔吗？"吴冠中摇了摇头说："我今日所感知的巴黎与30年前的巴黎依旧依旧，30年前的失落感也依旧依旧，这失落感恐来自故国农村，我的出生地，苦瓜家园。"

途经巴黎短短三天，吴冠中要见的还有老朋友赵无极。在赵无极的画室里，吴冠中细看了赵无极近期创作的不少巨幅作品。他远看画中的势，近看画中的质，仔细揣摩。地面上还铺着一幅尚未完成的大画，斑斑点点，布满颜色流动的痕迹。在赵无极的卧室，吴冠中惊异地发现，早年对中国书法、绘画不感兴趣的赵无极，近年对书法下了很大的功夫，他床头的墙上挂着祝允明、文徵明、董其昌、唐寅等人的书法手迹。赵无极还捧出台湾故宫博物院精印的《怀素自叙帖》手

巴黎国立高等美术学院校舍

卷，与吴冠中、朱德群、熊秉明共赏。几位当年留学巴黎的师兄弟，在相隔 30 年后再度聚首。

三天的相聚匆匆而过，又到了分别的时刻。朱德群赶到戴高乐机场送别，并带了一幅自己的作品送给老友，包得严严实实。二人依依惜别，紧握双手，泪眼模糊了视线。

1989 年吴冠中再访巴黎时，"仿佛又见故乡"，他特意到母校巴黎国立高等美术学院寻访当年的工作室，怀念已经故去的老师苏弗尔皮教授。当他结束一个月的写生，以 70 岁的高龄与巴黎依依惜别时，他伤感地以为这就是"向巴黎永远地告别了"。

1990 年，法国文化部授予吴冠中"法国文化艺术最高勋位"时，法国巴黎赛努奇博物馆馆长玛丽—戴莱士·波波在他的画展开幕式上说："若非最伟大的，也许是今天唯一的，他成功地融合了微妙的东西方两种文化。"

巅峰 80 年代

20 世纪 80 年代朱德群的作品在尺幅和色彩方面又有新的突破，双联作、三联作的作品画面更加宏大，色彩也更加丰富。原先朱德群的作品主要是两个色系——经典的蓝色系和红色系，这一时期又增加了白色系和绿色系。一次，朱德群在去日内瓦的途中，看到阿尔卑斯山上的皑皑白雪和绵绵浓雾，虽然都是白色，但浓淡虚实的层次变化出神入化，忽然触发了他的灵感。他说："此时我心中只有云雾在白地上移动的景象以及涌现的层次，心灵似乎也跟着那深浅浓淡的变动而若浮若沉，一下子浮现了很多唐诗的意向。"回家之后，他就不断尝试画出那一刹那间的感受，于是成就了他 1985 年之后的白色系列，如《冬之光》《仲冬之二》《冬之诗意》《气融瑞雪》等。他说："我作画时，都是我平生壮游

20 世纪 80 年代朱德群在法国

　　的感觉，有些是当时不能抑制的冲动，有些则是过了很久，甚至以为遗忘了的记忆，而被画布唤醒出来。所以画布对我来说像是一片有机体一般。不管是被外在的美景，或内在的媒介所搅动，我只要面对画布，感性就会饱满起来，这时我有点像喝了酒一般，会激情地在画布上一口气画出我那新鲜的第一遍。"这正是画家才情的体现，而第二遍以后的修改，则有赖于经验的积累，正所谓：相由心生，笔随意到。

向马蒂斯致敬

　　1981 年，巴黎国立大皇宫美术馆，赵无极个人画展在此展出，盛况空前。这次展览展出了赵无极 30 年来创作的 30 幅代表作，由此奠定了他在法国艺术界的地位——巴黎向这位华裔艺术家致意，赵无极的巅峰时期也随之来临。

"这些画面像交响乐般和谐地展开"，在这些作品中，"轮廓线消失了，线条磨碎了，油画好像取得了水墨的效果，画布也变成了纸张。"（马蒂娜·孔唐苏：《将生命溶进工作》）

吴冠中曾将赵无极的绘画技法总结为独特的"赵腔"："他画中层次复杂，点线交错，层层掩盖又互相争着要显露；透明、半透明和不透明的质感互相撕咬又互相补充。这些技法构成了一种独特的腔调，可说是赵腔吧！我喜欢在他每幅作品中都能碰见这种腔。"

1983 年，赵无极的作品首次在中国展出，先是在北京，而后到了杭州。1985 年，浙江美院邀请他为油画和素描课程主持为期一个月的研讨班，他的妻子弗朗索瓦女士则教授艺术史和博物馆学。

1986 年 2 月，赵无极创作了《向马蒂斯致敬》。他在画中对马蒂斯 1914 年创作的《窗—门》提出了自己独到的见解。他说："在中国，某些人可能会说《窗—门》是一幅不可思议的作品，因为在既空又满的门前，充满着生命、尘埃和我们呼吸的空气。但之后又是什么呢？是个大的黑色空间。而对所有的人来说，这正是通向真正的绘画艺术的大门。"

赵无极从马蒂斯那里学到了"将天地合一"，"他画中提示的那个开口启发了我，真让我有想要进去的感觉，这是单纯凭借色彩走向无限的途径"。于是，他越画越自由，心随灵感起落，色彩在画面飞舞，"既表现一切，又什么也不表现，画得很节约，甚至精打细算。"

马蒂斯在他的《艺术论》中曾说："您想画画？那就先割掉您的舌头，因为从此您只能用画笔来表达。"这句话深深地影响了赵无极一生，他对自己的作品从不解释，甚至连标题都没有，只以创作日期代替。但对有些评论家写他的文章，他是认同的，比如艺评人雅哥布

1983 年，赵无极回国举办画展时，拜访李可染

1981 年为他在纽约皮埃尔·马蒂斯画廊举行的展览写的文章。

雅哥布说："在赵无极的画中，永远存有对世界的疑问和再造世界的热情。有些作品体现着太初的浩然大气，物质的勃然诞生，创世混沌中最后的迸发；另一些作品则展现星云的放荡不羁——光的诞生、水的涌现，或如这幅美妙的粉白色基调的小三联画所表现的，创世时的第一个早晨。透过纷乱的物质存在，隐约中，似乎生命正勃然而出。"他说："一道投向所有可能性的开放的目光，一种世界形成以前的状态，一条不是通向终点、而是通向源头和初始的道路，这便是赵无极绘画引领我们的所在。"

林风眠重返巴黎

1979 年 9 月，林风眠再度来到阔别近 50 年的巴黎，已定居法国的赵无极和朱德群等都前来迎接。法国外交部安排林风眠下榻在凯旋门附近的一家酒店。

9月21日，由时任巴黎市长的希拉克亲自主持的"林风眠画展"在巴黎赛努奇博物馆开幕。林风眠此行带来了他自1927年至1978年半个世纪间创作的80幅作品，包括仕女、戏剧人物、花鸟、静物、风景等各类题材。因为林风眠是1900年生人，这一年虚岁80岁，该展览实际上也是林风眠八十寿辰纪念展。

赛努奇博物馆馆长瓦迪默·埃利塞夫20世纪40年代曾在中国任法国驻华使馆文化专员，他回忆说："1945年，当战争结束之际，我们在重庆，大家都希望能相聚巴黎，组织画展和旅游，并确已准备在1946年为一些知名画家如张大千、吴作人、方君璧，举办当代中国画家展览。"埃利塞夫在《林风眠画展目录》"序言"中说："半个世纪以来，在所有的中国画家中，对西方绘画及技巧作出贡献的，林风眠先生当为之冠。毫无疑问，从1928年起，他就认为自己要致力于'融合东西方精神的协调理想'。"

赵无极和朱德群为老校长的到来激动不已，二人鞍前马后、不遗余力，并召集分布在世界各地的杭州艺专的同学来巴黎聚会，让老校长着实感受到了桃李满天下的喜悦和成就感。朱德群还在家中设宴款待林风眠，这对阔别多年的师生无话不谈，令朱德群倍感唏嘘的是，林风眠忆及在国内政治运动中所受到的各种不公正待遇，有相当一段时间不敢作画，而且还自毁了很多画。朱德群对老校长对他说的一句心里话印象十分深刻："我二十年的时间都白白扔掉了，我希望上帝再给我二十年的时间补回来。"林风眠后来活到91岁，实际上给他的时间是10年。

9月24日，林风眠还专程返回母校巴黎国立高等美术学院故地重游。时任院长缪西与教务主任斯鲍思全程陪同。看到当年的画室还在，图书馆也还是原来的模样，令林风眠恍然回到 50 年前。院长缪西介绍说，二战期间教学秩序和设备曾遭破坏，这是在 1968 年之后才按原样修复的。林风眠听后深感欣慰。

离开巴黎后，林风眠启程去巴西探望妻子和女儿，直到 1980 年春天才返回香港。毕竟已经年届八十，长途旅行的劳顿令他身心俱疲，休养了较长一段时间才缓过来。

杭州（二）：重回母校

在创作中完全真诚，这是绝对必要的，这一点怎么强调也不够。这种真诚给予他所需要的巨大勇气，使他能完全谦逊和恭敬地接受。如果没有这种真诚，艺术家只能从一种影响飘向另一种影响，忘记了去寻找他必须显示他个人特点的领域。

——亨利·马蒂斯（Henri Matisse）

赵无极夫妇回母校授课

对于 1985 年回母校浙江美院讲学，赵无极内心是有些郁闷的。"我感到自己撞上了苏联'社会主义现实主义'这个庞然大物，它已将一切创造力碾平，中国有灿烂的文化和历史，有精妙绝伦的绘画，根本无须向那些灰褐色基调的死板愚蠢的画面求教。"他甚至开始担心："我的祖国，它有朝一日能理解我的绘画吗？"

这次讲课是赵无极人生中最后一次带学生，他把这次讲课看成是对母校的回报，所以非常认真、真诚地对待。客观上说，这是他人生

中一次重要的创作理念的展示，也从很多细节上透露出他创作的习惯、他对艺术国际化的看法、对中西文化交融的认识等。

当时班上有 27 名学生，来自全国 8 所艺术院校，他们听说赵无极是位大师，画抽象画，在法国很有名，所以兴冲冲地满心以为他会教怎么画抽象画，没想到赵无极教他们画"油画人体"。这让一些学员很是不解。据当时在这个班里的学员、现任中国美术学院院长许江回忆，在讲学之初，赵先生就语重心长地说："不是我不敢教你们抽象画，因为绘画创作是一种需要，一种自身的需要，内心的需要。你没有这种需要，硬要变，变不了。你们基本方面的观察方法改变以后，觉得自己这样画不够了，内心提出了需要，那就会创出新路子。具象和抽象之间有共通的道理，重要的是获得一种新的观念。"

赵无极在教学中着力转变学生们的艺术观念，而观念的转变主要是观察方法的转变。他特别重视保持住新鲜的感觉。他对学生们说："你们要记住这句话，就是绘画中所有的东西都是个借题，不过是借它来表现自己，来抒发你的情感。"就是借它这个题目，来做自己的文章。"老子讲过'大象无形'，这就是真正绘画的道理。"

他给学生们解释"什么是灵感"："一分感觉九分功夫，这叫灵感。"他说，灵感不会自己来，而是在绘画中"眼手配合"的结果。"画家最重要的工作是选择，怎样把精彩的东西选出来。"

赵无极讲课比较随意，想到哪里讲到哪里，但非常实在、诚恳。他拼命让学生忘记条条框框，他认为他们想得太多了，他反复强调"观念上要自由"，要打破禁锢和束缚，慢慢地解放自己。他说："临画是要去理解作画人当时的心境，不要抄，不要临表面皮毛的东西。比如中国画，不要仅仅临结构，要临他的呼吸和精神。要去理解认识塞尚、马蒂斯、毕加索，不能只看人家的外表形式。一个创造型的画家总在变，你临他的外表是跟不上的。当你模仿时，你是不会了解自己的，不会懂得发掘并表现自己的不同。"他告诫学生："不要重复前人，也不要重复自己，那将腐蚀你的创造力，成为一种反复使用的限定程式。"这些观点令学生们多年后感觉到受益匪浅。

他在讲课中还穿插了很多对现代美术和中外绘画大师的看法和评价，非常有见地。比如在谈到法国画家时，他说："塞尚对我自己来讲是重要的，我从塞尚的空间处理得到启发。他有幅画，画中山天连在一起，很像中国画，山与天的接触完全和西洋画不同。我从塞尚那里重新发现了中国。我对塞尚非常感激。塞尚是指路性的画家，还有毕加索、马蒂斯、蒙德里安都是指路性的画家。有些画家只可说是好画家，是跟从的画家。这是好画家与伟大画家的区别。"

赵无极还在讲课中透露了一些他的创作习惯，这一点非常难得，因为他平时很少谈到这些，比如他创作之前从不打小稿，都是直接画，边画边寻找灵感，特别重视"意外"和"偶然效果"；他作画喜欢用大笔，特别是中国毛笔，因为中国的毛笔提起来可以很细，压下去又很厚重，所以即使画很细的部分他也用大笔；另外，他作画从大处着眼，从整体效果出发，"动一笔，到处都要动"，所以要不断地观察、观看。

赵无极告诉学生们，绘画事业会是起起伏伏的，高高低低，低低高高，"做艺术家应该晓得一生的生活就这样，高的时候不要得意，低的时候不要灰心"。他还和学生分享自己画画中的小插曲：一次他在画大画时，爬到高凳上去画，然后下来观看，反反复复，后来站在高凳上时，一时忘记身在高处，往后一退从高凳上摔了下来，手部跌断了八处。"现在里面还有两块铁，每次坐飞机都要提前报告。"他说时很轻松，但画家的艰辛却从这画外的讲述中透露出来。要创作出好作品，从来没有那么轻松。

在这些学生中有一位有心人——孙建平，他将赵无极全部的讲课内容作了录音整理，后来出版了《赵无极讲学笔录》，并一版再版，在美术界和艺术爱好者中产生很大影响，也将赵无极的艺术理念在更大的范围内传播。而赵无极和这些学生的师生之谊，也保持了很多年。

林风眠和吴大羽的学生们

林风眠和吴大羽所创立和坚持的现代美术理念和艺术体系是中国现代美术史上一个独特的阵营。他们的学生包括：艾青、王式廓、祝大年、李霖灿、丁天缺、赵无极、苏天赐、庄华岳、朱德群、吴冠中、罗工柳、赵春翔、涂克、刘江、袁运甫等。

中国美术学院院长许江说："从林风眠到吴冠中、朱德群、赵无极、苏天赐、席德进，他们之间不仅是一种师生关系，更是一种东方新兴艺术的血脉关系，这里边有着一条独特而重要的历史脉络。林风

吴大羽《无题—110》

眼为新世纪的艺术发展提供了一条包容中西、触及本性的精神道路，赵无极是这条路上的旗帜。"

　　1988 年元旦，吴大羽因肺源性心脏病在上海辞世，享年 86 岁。他一生潜心创作，留下 150 余幅油画，2000 多幅小件纸本作品。作为吴冠中、赵无极、朱德群三位享誉世界的艺术大师的指路人，吴大羽生前没有出过画册，甚至一度被人遗忘，成为现代美术史上消失了的人。

艺评人李大钧在一篇题为《艺术的根本在于道义》的文章中这样纪念他："吴大羽曾自称是从秦汉晋唐人谱中洗练过来的仅存的耿介，他邈视着大限，邈视着生命，不肯服从任何名目的引诱。'时间能使隐匿的东西显露，也能使灿烂夺目的东西黯然无光。'他也曾豪迈地说过：'我不会完全死去。'"

吴大羽晚年曾表露心迹："假如容许我自己调度自然给予的资分，换言一个画画的人应该各就一己的岁月蹉跎，总结其寡陋，立在洁白的幅面面前，我要指出勾画第一百零一个世界的意图，作为它在美学意义上共同理会到的耕作誓愿。假如要问起在时代的体貌上学习到点什么？我会毫不犹豫，虔悫地指出这一庄严。"

2003 年 11 月，适逢吴大羽百年诞辰之际，上海美术馆举办了"吴大羽油画艺术回顾展"，并出版发行了他的第一本画册。艺术理论家邵大箴在题为《背负艺术十字架的人——纪念吴大羽先生》的文章中说："他们的名字始终和'探索''创造'联系在一起。在无穷尽的艺术探索和创造之中，他们享受着人生最大的快乐，贫穷、寂寞以致一些肉体与精神的折磨，在他们心目中的艺术天堂里显得无足轻重。他们似乎是按上帝的旨意来到人间背负艺术这座十字架的，用自己的辛劳和牺牲来唤醒社会、唤醒人民大众对艺术的认识和理解。"

新加坡：因画结缘

> 友谊的基础在于两个人的心肠和灵魂有着最大的相似。
>
> ——贝多芬（Beethoven）

赵无极狮城三联画

1985 年 6 月，赵无极受老友贝聿铭之邀为其在新加坡设计的莱佛士城的入口处创作一幅大画。赵无极为此亲赴新加坡，在莱佛士城仔细考察后，他决定创作一幅两米八高、十米长的大画。这是他画过的最大幅的画。之后整整四个月，他都在创作这幅作品。到第二年 6 月，这幅巨大的三联画《1985 年 6 月至 10 月》在被运往新加坡之前在法兰西画廊展出，之后在新加坡莱佛士城陈列了 20 年。2005 年 5 月，该画在香港佳士得举行的拍卖会上被拍卖，以 1800 万港元成交。到了 2018 年 9 月，这幅巨作再度出现在香港拍卖场上——在香港苏富比 2018 年秋拍上，它以 5.1 亿港元的成交价，刷新了香港拍卖史上画作最高成交纪录，同时也创造了赵无极画作世界拍卖纪录。

贝聿铭设计的卢浮宫玻璃金字塔

　　赵无极与贝聿铭的友谊可以追溯到 20 世纪 50 年代，据贝聿铭回忆，1951 年春，他初到巴黎，当时皮埃尔·洛布带他去看赵无极的作品。"我觉得他的油画和石版画十分迷人，在某些方面它们使我想起克利的神秘一面以及倪瓒的简练山水。自此之后我们很快成了朋友，我继续兴致勃勃地追踪着他的进步。"

　　赵无极与贝聿铭之间的关系还有更深一层的渊源——他们的父辈同为银行家，而且还相互认识。赵无极的父亲赵汉生，曾任上海一家银行的行长；贝聿铭的父亲贝祖贻，民国时期曾任中央银行总裁，也是中国银行的创始人之一。据赵无极回忆，"几年中，我们成了很亲密的朋友，可以说亲如手足，我们共享说普通话的乐趣，我们有相同的背景，甚至都喜爱某些西方人不能接受的中国菜"。基于对赵无极才华的欣赏，贝聿铭曾邀请赵无极为他设计的北京香山饭店创作了两幅大型水墨壁画，而新加坡这幅三联画是他们的第二次合作。

两位老朋友不仅是相互欣赏的知己，在漫长的人生岁月中也互相分担烦恼，共渡难关。尤其是 20 世纪 80 年代，贝聿铭为卢浮宫扩建计划而设计的玻璃金字塔备受争议的时候，赵无极劝慰老友，在他这个年龄已不必再证明什么，"对那些抨击者的唯一回答，就是让他们去看他设计的华盛顿国立博物馆的扩建工程"。1989 年在卢浮宫主庭院——拿破仑庭院落成的玻璃金字塔，如今已成为令巴黎人感到骄傲的城市地标。

吴冠中与新加坡

1988 年 2 月，吴冠中携夫人朱碧琴出席新加坡国家博物馆主办的"吴冠中画展"开幕式，这是他首次在新加坡举办个人画展，他将大幅水墨画《松与瀑》捐给新加坡国家美术馆。

之后吴冠中在新加坡写生，并创作了丈二幅水墨画《鹦鹉天堂》。这次访问令他与新加坡多元艺术家陈瑞献、"好藏之"美术馆主人郭瑞腾等结下了多年的友谊。他们也成为吴冠中作品的重要藏家。20 年后的 2008 年，89 岁的吴冠中主动将 113 幅作品捐给新加坡。时任新加坡美术馆馆长的郭建超表示，这是新加坡公共博物馆收到的价值最高的捐献，也是迄今吴冠中个人数量最大的艺术捐献。吴冠中一直非常看重能让公众看到自己创作的画作，他坚信艺术不应留作私藏，他说过："我常跟我的孩子们讲，我的画不是个人遗产，钱、房子你们可以分掉，但是作品我要送给公共机构，让历史来检验。"这是他一生奉行的艺术价值观。

香港（二）：艺术福地

艺术的价值就在于借助于外在物质形式显示一种内在的生气、感情、灵魂、风格和精神，这就是我们所说的艺术作品的意蕴。

——黑格尔（Hegel）

"吴冠中八七回顾展"

1987 年秋天，香港艺术中心主办"吴冠中八七回顾展"。开展前满堂宾客，吴冠中却独等一人：恩师林风眠。终于，仙风道骨的林先生来了，吴冠中赶忙陪在他身边，在开展前细细观看了每一幅作品。最后林风眠笑眯眯地说："基本功不错呵。"过了几日吴冠中又携妻子朱碧琴登门拜访，林风眠在香港深居简出，十分低调，而画艺却渐入佳境，令世人叹为观止。

这是吴冠中在香港举办的第一个个人画展，展出的作品在开幕后 40 分钟内全部售出。1989 年 5 月 16 日，香港万玉堂主办的吴冠中画展开幕。当天从凌晨 4 时许开始，就有人在画廊门前等候。大门打开不到两小时，展品就卖掉 50 幅。到黄昏时，74 幅作品全部售罄，还有人要求把所有展品全部包购下来，而且有此要求的人还不止一人。

两天后，在苏富比拍卖会上，曾先后在美国、中国香港、新加坡展出的《高昌遗址》，成为几位香港收藏家争购的对象，最后以 187 万港币成交，比高估值（20 万港币）多了 8 倍多，创下了当时在世中国画家作品卖价的最高纪录。吴冠中在接受香港《福布斯》杂志访问时说："我在有生之年能够看到自己的作品公诸于世，而且受到欢迎，当然是愉快的。但我私底下是有信心的，即使现在的价格不高，将来还会高的，因为我觉得我的作品都充满了真感情，不是为了卖而画的。"

画家本人怎么看待拍卖场上创出高价？吴冠中曾亲临香港苏富比拍卖现场观看拍卖过程，心心念念的他，特意先看了一下目录，那场拍卖中并无自己的作品"才敢于前去参观的"。他在一篇题为《看艺术拍卖》的文章中回溯自己当时的心情："我怀着虔诚的、恐惧的、凄凉的心情来看祖辈与朋辈故旧们的遗作、近作被拍卖，同时也怀有希望，对中国绘画在世界上逐步被真正了解的希望！我颤栗着看潘天寿及林风眠等老师们的作品在被唱价，盼望更多的人们在喜爱中争购！"他切身地感受到，"作品流入人间，便由不得作者自己评价，并不因为生前位高名重作品便永享荣华，死后往往一落千丈。……但从更长远的考验来看，艺术质量还是最终的决定因素。作者敢于正视自己的作品被拍卖的情景吗？作品早不属于自己，已是市场上的商品了。作品是作者的灵魂吧，那么灵魂也只好由人拍卖！"

第六章　九十年代

巅峰

VI

伦敦：惊艳英伦

> 天才是长期的忍耐，是意志与紧张观察的努力结果的独特创造。

> ——居斯塔夫·福楼拜（Gustave Flaubert）

吴冠中亮相大英博物馆

1992 年 3 月，"吴冠中——一个二十世纪的中国画家"在英国伦敦大英博物馆举行，开幕式非常隆重，英国王储查尔斯亲自为画展剪彩，老友朱德群夫妇专程从巴黎赶来，英国著名艺术史家苏立文教授是这次展览的组织策划人，也是他亲自帮助实施的。73 岁的吴冠中，穿着合体的西装与来宾们交谈，他还将一幅名为《小鸟天堂》的丈二幅水墨作品捐赠给大英博物馆收藏。

开展第二天，一位法国记者从巴黎冒雨赶来观展，他在交谈中发现吴冠中会讲法语，便执意与吴冠中直接用法语交流。他问的第一个问题就是：你离开欧洲数十年，首次回来展出，伦敦是你的首选之地吗？这不愧是一个法国记者问的问题，一向直言不讳的吴冠中照实

1992 年，伦敦画展中，吴冠中与朱德群在一起

说首选确实不是伦敦，是巴黎。一年多之后，他终于实现了在巴黎办画展的愿望。

大约几周过后，1992 年 4 月 4 日，法国《国际先锋论坛报》上刊登了一篇题为《开辟通往中国新航道的画家》的文章，作者正是那日去伦敦采访的记者——该报艺术主管梅利柯恩。他在文章中说："发现一位大师，其作品可能成为绘画艺术巨变的标志，且能打开通往世界最古老文化的大道，这是一项不平凡的工作，也许为此才促使东方文物部的负责人罕见地打破大英博物馆只展文物的不成文规例。凝视着吴冠中一幅幅的画作，人们必须承认这位中国大师的作品是近数十年来现代画坛上最令人惊喜的不寻常的发现……"

英国广播公司（BBC）采访并拍摄了专题片，英国《泰晤士报》也做了报道，画展在欧洲产生很大反响。吴冠中随后赴英国北部和南部地区旅行写生，回京后创作了以英国风景为题材的一批油画作品。

吴冠中在大英博物馆举办的这次展览规模虽不算大，却是他一生都特别珍视的一次展览，因为这个展览把中国当代艺术介绍到了英国，介绍到了西方，同时也确立了吴冠中在国际艺坛的地位，毕竟这是他离开欧洲多年后的首次亮相，而策展人又是这位专门研究中国艺术、在国际艺术史方面的权威学者——迈克尔·苏立文教授。

苏立文与"留法三剑客"

出现在吴冠中画展上的英国牛津大学艺术史教授迈克尔·苏立文（Michael Sullivan），是专门研究东方艺术尤其是中国艺术的专家，他写的《中国艺术史》是牛津大学和斯坦福大学艺术史专业沿用多年的教科书。苏立文 20 世纪 40 年代来到中国，在抗战期间结识了不少中国艺术家，包括张大千、吴作人、丁聪、关山月、赵无极、庞薰琹等。战后他回到英国入读剑桥大学攻读艺术史并获博士学位，此后毕生专注于对中国艺术的研究和传播，并成为这一领域的国际权威和引领者。苏立文曾在美国斯坦福大学和英国牛津大学任教多年，后在牛津大学荣休。晚年还经常到访中国北京、上海和香港等地，关注中国当代艺术的发展。2013 年他在英国牛津去世。

作为专注于研究东西方艺术交流的艺术史学者，苏立文认为，东西方艺术之间的相互作用，虽然断断续续，误解丛生，但绝不再仅仅是题材选择和技法的问题。"东西方的交流，极大地开阔了艺术家的视野，有时也开阔了其作品受众的眼界。"他在专著《东西方艺术的交会》一书的"引言"中说："今天越来越多的研究者开始相信，亚洲和西方文化之间的相互影响是世界历史上自文艺复兴以来意义最为重大的事件之一。"

1992 年与吴冠中在伦敦画展上见面之后，2006 年 6 月他到北京

朱德群夫妇与苏立文夫妇

再次访问了吴冠中。他认为，就中西结合而言，吴冠中对于结合的理解深化到了他作品的风格当中，而不仅仅是在绘画技巧上的刻意表现。他认为林风眠对中西方艺术的交流作出了很大的贡献。林风眠对中西结合的探索，不仅有技术上的整合，还有身份和传统的统一，这种统一、融合才能产生优秀的现代作品。

对于身在法国的赵无极和朱德群，苏立文与他们的接触和研究就更加充分，也更加深入，并把他们作为第二次世界大战之后活跃于国际画坛的中国画家的典型代表。他关注到赵无极从具象艺术向抽象艺术的转变，认为赵无极的大型抽象画结合了书法式的生动趣味和一种氛围上的立体深度，"这种深度与波洛克或克利毫无关系，而是出自他内心对三维空间的中国式的直觉表达"。

对于朱德群的作品，苏立文认为也不完全是抽象的，"而是令人联想到天地宇宙，唤起世界初始混沌一片的记忆"。

2014 年 4 月，《中国艺术史》出版了中文版，苏立文对中国艺术所作的结语是："我们可能期待看到艺术家和权威之间的张力——艺术家既部分接受又极力反抗制度和社会对个性自由施加的约束，就是在这些约束中产生了过去伟大的中国艺术传统的众多杰作，也许还是在这些约束之中，未来伟大的艺术也会源源不断。"

巴黎（五）：巅峰聚首

就像音乐中运用和声一样，人们也可以利用平涂的
创新手法来制造光的效果。我把颜色作为表达我感情的
手段，而不是作为临摹自然的工具。我运用单纯的色彩，
我不会改变它们，决定它们的是彼此的关系。这不过是
增强不同点和揭示色彩的问题。有限的几种色彩不会影
响作品的构成，就像仅仅七个音符就构成了音乐一样。

——亨利·马蒂斯（Henri Matisse）

吴冠中三度巴黎行

1993 年 11 月，吴冠中三赴巴黎。是时，吴冠中水墨新作、油画
及素描在巴黎赛努奇博物馆展出，盛况空前。自称"艺术的混血儿"
的吴冠中在《致观众》中写道："我爱我国的传统，但不愿当一味保
管传统的孝子；我爱西方现代的审美意识，但不愿当盲目崇拜的浪
子，是回头浪子吧，我永远往返于东西方之间，回到东方是归来，再
到西方又像是归去，归去来兮！"

那一年，当时的巴黎市长、后任法国总统的杰克·希拉克亲手将巴黎市金勋章授予吴冠中。在此前的 1990 年，他还被法国文化部授予"法国文化艺术最高勋位"。闻讯而来的祝贺中，有不少老同学欣慰地认为吴冠中当年选择回国发展是正确的、有胆识的。对此吴冠中表示："半个世纪的旧事重提，仍触动我的心弦，因我当年只能作一次选择。至今步入暮年，仍无法对自己的艺术生涯作出结论，也许我以一生的实践提供人们一个作比较研究的例证，是功是过，任人评说。"（吴冠中：《心灵独白》）

画展开幕当日，吴冠中将水墨作品《竹林与水田》捐赠给赛努奇博物馆。

此时的吴冠中在画界可谓是功成名就，他的个人作品展在中国主要城市均有展出，并多次到中国香港、新加坡、法国、美国、英国、日本等地展出，享誉海内外。这一时期，吴冠中的创作以水墨为主，而且已经迈向纯抽象的领域，处于更纯粹、更自由的境界。其作品主

1989 年，吴冠中重访巴黎凡尔赛宫

巴黎赛努奇博物馆

题转向对人生与生命的感悟，精神意韵更为深邃。他的《流年》《色色空空》《飘》《沉沦》等都以表现人生境象为主题，于扑朔迷离中达到出神入化的境界。吴冠中说："暮年，人间的诱惑、顾虑统统消退了，青年时代的赤裸与狂妄又复苏了。吐露真诚的心声，是莫大的慰藉，我感到佛的解脱。"

华人艺术家荣登法兰西学院院士宝座

被称为"思想的宝库"的法兰西学院中，有一个艺术学院，当选其院士是法国艺术界最高的学术头衔。由于院士是终身制，所以只有当在任院士逝世后出现空缺，才能增补新的院士。1995年，朱德群被推荐参选新院士。经过激烈的竞争，他于1997年当选为法兰西艺术学院终身院士。

1999年2月3日，法兰西艺术学院古波勒圆顶礼堂，79岁的朱德群身着墨绿色带金色绣线花纹的院士礼服，出席特为他举行的终身院士就职典礼。

法兰西艺术学院主席、著名雕塑家让·卡尔多代表法兰西艺术学院的院士们发表了热情洋溢的致辞。他说："您的创造中，不仅有着极其丰富的视觉印象和情感，在 1987 年，您向访问您的牛津大学苏利文教授说：'看画就像听音乐一样'，主题和标题互相补充，使观画者感受到您内在世界的颤动，使人联想到动人心弦的音乐，或者是凝固的音乐——建筑。……您用作品言说着人类的史诗和宇宙的辉煌事件以及物质的神秘。"他还提到："在最近一次的谈话中您说道：'当我在画室中工作时，自然和我之间的距离消失了，我们合二为一。'这种天人合一的艺术生命力，使您的作品成为一个无瑕的整体。总之，在我们眼中，您是一位创造力雄浑的艺术家，这个非凡的创造力支配着您非常广阔的生命经验。您卓越的智慧和人格，为我们学院带来一片新的光辉。这片光辉的照耀，已超越了我们的国界。"

朱德群在 600 多位在场院士的瞩目下走上讲台，以流利的法语发表了精彩的答谢演讲。他说："作为华人的我，在此意识到有一个特殊的使命要传达，即《易经》中之哲理的再现——两个最基本的元素，其生生不息、相辅相成在绘画中的具体呈现。阳，是光明、热烈；阴，是自然、柔和。"他说："我一直在追求将西方的传统色彩与现代抽象艺术中的自由形态结合成阴阳和合之体，成为无穷无尽的宇宙现象。我在大自然中聆听宇宙、聆听人、聆听东方、聆听西方，得到我唯一的灵感源泉，赋予诗情和诗意。"

他说："创作是纯粹的、自发的，像中国道家所说的自然无为地'吐胸中之逸气'。我将阳的宇宙和阴的人类，描绘成共同进化的二元和合之体。在我的画面上，其色彩和线条从不是偶然的，它们相谐和地达到同一目的：激活光源，唤起形象及韵律。"

法兰西艺术学院

朱德群法兰西艺术学院终身院士像

朱德群的演讲博得了在场观礼者的热烈掌声。随后，授剑仪式隆重举行。朱德群的院士宝剑是由100多位中法好友共同捐赠的，他的挚友、著名雕塑家费浩先生亲手设计，剑柄上镶嵌着来自中国的汉白玉，旁边还配了一块商朝时期的红玛瑙、两块色泽艳丽的绿松石，这把中西合璧的佩剑价值约5万法郎。朱德群在一片欢呼声中接过这把象征艺术桂冠的宝剑，这也是华人艺术家在法国获得的最高荣誉。

朱德群当选法兰西艺术学院院士后与全家合影

赵无极接受授勋

1993 年，赵无极晋升法国荣誉勋位第三级，获巴黎市维尔美勋章。

1998 年，赵无极的两个回顾展分别在法国昂热和中国上海举行。昂热的回顾展由三部分组成：在美术馆展出了他的油画作品，在舍美利埃宫展出了他的水墨作品，在潘塞博物馆展出了他的版画和书籍。而上海博物馆则以三个特别展厅展出了他的 105 幅油画作品。

赵无极的家在巴黎蒙帕纳斯区荣古瓦街，是一个僻静的街区。一栋三层高的小楼，中间有一个光线很好的天井花园，其间种有橘树、兰花和竹子。赵无极的画室在顶楼上，有一个中国式的半圆形的窗子。直到 2008 年，他依然保持着每天早上起来就去作画的习惯。

进入 20 世纪 90 年代，赵无极的绘画更是炉火纯青，一方面，他的作品偶尔能依稀辨识出风景的影子，如《90 年 10 月 25 日》具月光水波之象，《96 年 2 月 6 日》呈岗峦林木之形；另一方面，却又化入象外之象，进一步体现中国哲学所特有的天人合一、虚静忘我的精神境界。

法国艺评人认为，赵无极的艺术体现了中国人特有的一种"冥想的精神"，他"将法国的情致和远东的空间感相结合"，他的作品"明确地反映了中国人的宇宙观是如何成为全球性现代观点的"。赵无极本人认为："随着我思想的深入，我逐渐重新发现了中国"，"这种向深远本原的归复，应该归功于巴黎。"

贝聿铭不愧是最了解赵无极的人，他一语中的地点出了赵无极是"受中国美感激发的西方传统画家"，而且，"这种美感构成了作为一位艺术家不断进步的基石"。（"赵无极水墨 1982—1996，向皮埃尔·马蒂斯致敬"展览画册"前言"）

北京（四）：文化使者

大方无隅，大器晚成。大音希声，大象无形。

——老子

大象无形——朱德群近作展

1997 年 5 月 28 日，北京中国美术馆，"大象无形——朱德群近作展"在这里举行。这是朱德群首次回国举办个人画展，此前他已在十多个国家和地区举办过数十次个人画展，但这次是他 50 年来首次回国办展，意义重大，他格外看重，所以从选作品到准备资料，他都亲自过问，精益求精。在画展开幕式上，包括文化部长和法国驻华大使在内的 800 多位来宾和观众出席，盛况空前。

对于这位把他引进艺术之门的挚友，吴冠中非常热情，并不辞辛苦地张罗着，仿佛自己办展一样。他在开幕式上致辞时说："少小离家老大回，乡音无改鬓毛衰"，不过这个"乡音"并不是口音，而是朱德群画中的中国韵味和诗意。吴冠中还特意写了一篇题为《燕归来》的"序言"放在为配合展览所出版的画册前面，他将老友比作归

1997年5月，「大象无形——朱德群近作展」在北京开幕，吴冠中（左二）与朱德群夫妇（右一、右三）合影

在1997年举办的「大象无形——朱德群近作展」上，朱德群夫妇与时任法国驻华大使毛磊（左一）合影

来的燕子，那次画展相当隆重，展出了1985—1996年12年间创作的34幅作品，最大的一幅长达6米。法国驻华大使毛磊先生在开幕式致辞时也对朱德群的绘画艺术给予高度评价。他说："诚然，在朱德群的画作中，比起按照我们的透视法画出的作品空间更大。非但如此，他在画中打开的世界是人的居所，有生命的搏动。我们看到，在他创作的任何时期，他的一些作品都洋溢着无可抵御的欢乐……多亏朱德群先生，让我们来学会充分品味其画中的如此幸福——而这一绘画，正是来自中国最古老的传统，又在法国发扬光大。"

赵无极随法国总统希拉克访华

1997年5月，赵无极随时任法国总统的希拉克访华。希拉克于1995年至2005年担任法国总统11年，其间6次访华，其中1997年和2000年赵无极都受邀随行。1998年5月，时任中国国务院总理的朱镕基访问法国期间，希拉克特意登门向赵无极求购一幅画，作为国礼送给朱镕基。希拉克还邀请赵无极和夫人弗朗索瓦·玛尔凯出席爱丽舍宫的赠画仪式。

在参观上海博物馆时，馆长马承源先生力邀赵无极回国办大型画展。1998年11月4日至1999年1月31日，由中国文化部和法国外交部联合举办的"赵无极绘画六十年回顾展"首先在上海盛大开幕；1999年2月12日，画展移师北京，观众如潮；1999年4月25日至5月31日，赵无极回顾展在广州展出，反响热烈。希拉克在为画展所作的"序言"中说："赵无极洞彻两大民族的天性，集二者于一身，既属中华，又系法兰西。他的艺术吸取两国文华精粹，深得其中三昧。"中国媒体也对画展大幅报道，年轻人和知识界反响热烈。此时的赵无极才感到如释重负："我终于被接受了。"此时距离他离开中国已经过去了 50 年。

"于是我觉得终于走出了孤独，成为大家的一员。我不再有作为外乡人的拘束感，就像终于找到了自己的归宿。"他在 2000 年 1 月为《赵无极自传》所写的"自序"中最后说："历史就是这样把我推向了遥远的法国，让我在那里生根安居，然后又让我重返中国，使我内心最深处的追求终有归宿。"

吴冠中：在东西方艺术之间架桥

1999 年秋，中国文化部为他隆重举行了"吴冠中艺术大展"，吴冠中捐赠了 10 幅作品给中国美术馆。此后，他又相继向上海美术馆、北京故宫博物院、香港艺术馆、中国美术学院、新加坡美术馆捐赠了数百幅作品。他一生中的精品全部献给了人民，完成了他"艺术归于人民"的愿望。

中国文联副主席冯远在评价吴冠中时说："评价一位艺术家，要看他的思想深度、作品的观赏价值以及艺术才华。一位大师要看他的德行、品位、境界和人格。一个艺术家在艺术史上的地位，要看他对艺术的创新、贡献和对历史的影响。从以上三个方面看，吴冠中是我们这个时代的大师。他传承中国传统艺术，了解西方艺术，用一生全部精力在东西方艺术上进行融合，创造出了具有中国思想内涵的艺术。吴冠中的作品和他做人一样透明、纯粹、正直。他是思想超前、敢讲真话、敢于表达自己观点的知识分子。他以艺术为妻，迸发出'我负丹青'的感慨。吴冠中是我们心目中的大师。"

如果说，赵无极和朱德群在艺术上走过的是一条平坦的大道，尽管他们的内心也曾在东西方艺术的交融问题上挣扎，那么吴冠中的艺术和人生之路则充满荆棘，他要克服各种干扰，在夹缝中奋力向上攀

1995 年，"叛逆的师承——吴冠中"展览中，吴冠中向香港观众讲解作品（图片由香港艺术馆提供）

登，而这，反而造就了他作品中独特的张力和充沛的生命力。从这个意义上说，他不愧是"中国的凡·高"。

自称"艺术的混血儿"的吴冠中，晚年致力于在东西方艺术之间架桥。他认为："艺术的发展不同于科学的飞跃，它像树木，只能在土壤中汲取营养，一天天成长，标新立异不是艺术，拔苗助长无异于自取灭亡，但那种独创精神和毫无框框的思路，对我们则是极好的借鉴。"

"在山顶会合"

"在山顶会合"，这是国画大师李可染说过的一个形象的比喻。1983 年，朱德群夫妇到北京访问，时任中国美术家协会副主席的李可染，当年在重庆时曾与朱德群同在杭州艺专教书，此番重聚，李可染对朱德群说："我在林风眠那里学了西画，融到国画里了；你从潘天寿那里学了国画，在法国融到抽象的西画里了。这好比你我二人，在中西板块堆积出的同一座山的两侧山脚下一起往上爬，今天我们俩在山顶会合了。"

从 1950 年吴冠中回国算起，经过 50 年的努力，在 21 世纪来临的时候，吴冠中、朱德群、赵无极终于在艺术的"山顶"会合了。始终坚守故乡故土的吴冠中，选择了一条格外崎岖的攀登路线，虽然一路悬崖峭壁、险象环生，但也另有一番风景，只是格外考验信心。他一生努力把西方油画的形式语言与中国艺术的精神要旨相结合，重在创造作品的境界，在形式、语言、精神上实现"中西融合"的艺术思想。

吴冠中在传统水墨画中探索油画的效果，他喜欢东方绘画大胆概括的手法，但又摒弃了东方装饰性绘画主要依靠线造型、接近单线平涂的效果；他喜欢西方绘画的实感和透明效果，但又对以真实描绘对象为能事的西方绘画彻底进行了反省。他精确地把握色彩明度的微妙递变，在不经意的用笔中表现出层次的深度，仿佛信手涂抹，却正体

20 世纪 90 年代，赵无极与朱德群在一起

现了中国画的笔墨神韵。他以敏锐的观察力和对生命颤栗的敏感反应，再加上 60 年的功力、70 年的人生阅历，使他的画读来总有丰富深刻的内涵。吴冠中说："从东方到西方，又从西方回到东方，我的整个艺术生涯都奉献给中西文化的交融工作。"

朱德群以其丰富的人生阅历和深厚的中国文化修养为底蕴，融合东西方艺术的精髓，最终形成了他独特的艺术风格。他六十多年的艺术实践客观上促进了东西方文化的交流，被称为"多元文化大使"。而文化的多元性正是不同文明之间对话、和平相处的源泉。由于融合了中国文化的传承和西方绘画的观念和技巧，朱德群的绘画艺术中既有东方艺术的温婉细腻，又有西方绘画的浓烈粗犷，两种风格兼容并包，相得益彰，堪称完美。

有评论指出，赵无极绘画的巨大成就在于，作为一个中国人，他在作品中诠释着对东方精神的理解，并将自己和作品融入东方的艺术哲学之中。在西方人看来，赵无极的绘画迎合了他们普遍意义上对"东方"遐想的心理期待；而在中国，人们所赞赏的是他将"抽象"绘画的理解东方化，使其在精神上得以融通。于是赵无极的绘画便成为东西方人们眼中成功的视觉经验。

自称是"中法画家"的赵无极说："我是受中国的影响，对国外的东西也看得很多。因此，我对油画有一些自己的见解。中国文化很丰富，当然对我帮助很大。他们说从我的画上可以看出中国文化的韵味……我的画西方的味道也有，东方的风格也有，这是自然的融合，硬做做不出来，不能勉强。"

赵无极和朱德群两位站在国际视野中的艺术家，以西方艺术的观念和技巧，重新演绎了东方艺术的精神气质，将人类不同文化的丰厚积淀，作为精神源流渗入艺术的流变之中。所以，他们三人在山顶的相会，不是偶然的，而是他们一生为之奋斗的共同目标。

香港（三）：恩师永别

1991 年 3 月，台湾"政务院"授予林风眠文艺金质奖章和美术特别贡献奖。林风眠亲临台湾领奖。台湾之行林风眠受到热烈欢迎，台湾媒体大幅报道，之后林风眠将奖金捐赠给台北故宫博物院。回到香港后，林风眠得了重感冒，住进了香港港安医院。时年 91 岁的林风眠，走到了人生的最后一程。弥留之际，他颤抖着写下了最后四个字："我要回家"。

1991 年 8 月 12 日，林风眠在香港去世。香港媒体刊出大字标题："世纪同龄人艺坛宗师林风眠长眠香江"，北京、上海、广州、台北分别发来唁电，日本和法国的文化部门也发来唁电悼念林风眠。

8 月 17 日，林风眠的葬礼在香港殡仪馆举行。吴冠中、赵少昂、黄永玉、柳和清等敬献了花圈和挽联。一副挽联上写着："新风格汇中西画苑声名宗一代　真性灵甘淡泊艺苑典范足千秋"。据参加葬礼的他的老朋友柳和清回忆，林风眠安详地躺在白色的花丛中，穿着他那件常年穿着的灰色外套，看上去与一位平凡的老人没有什么两样。"然而，看似平凡的他确确实实是一位划时代的艺术大师啊！作为导师，他留给我'真诚'；作为朋友，他留给我'善良'；作为画家，他留给我'美丽'。能与这位'真善美'的化身交往几十年，此生足

矣!"（柳和清:《回忆我的朋友林风眠》，2008 年）

林风眠去世的消息传到上海，上海美术界于 1991 年举行了隆重的悼念活动，林风眠的生前友好、学生及美术界人士近百人参加了悼念大会。时任中国美术家协会上海市分会副主席的沈柔坚主持了悼念会，他说:"林风眠 8 月 12 日在香港病逝的噩耗传来，我顿时心情沉重难言，太突然了。林先生虽已届九十二高龄，然而近几年每次在香港见面总觉得他步履稳健，精神矍铄，思维清晰，艺术上他还有许多新的想法，创造力不减当年。真没料到肺炎和心脏病并发竟夺走了一代宗师的生命!"

吴冠中为老校长的一生作了如下的总结:"林风眠毕生在艺术中探索中西嫁接，作出了最出色的贡献。其成功不仅缘于他对西方现代、中国古代及民间艺术的修养与爱情，更因他远离名利，在逆境中不断潜心钻研，玉壶虽碎，冰心永存。巨匠——园丁，伟大的功勋建立在孤独的默默劳动中。遗言以骨灰作花肥，更诚是他生命最真诚贴切的总结。"（吴冠中:《尸骨已焚说宗师》，《沧桑入画》，上海学林出版社 1997 年版）

艺术史学者迈克尔·苏立文曾说:"试问在中国的现代艺术家中，有哪一位艺术家对今天的当代艺术仍然保持着巨大的影响力? 我的答案必然是林风眠。"他认为林风眠的意义在于:"他的艺术和教学将'融合'指向一个远而深刻的概念，他所从事的不是简单的风格上的某种合成，而是一个伴随着艺术家赋予想象力的创造过程，并表达出艺术家自己的经验感觉。也许正是出于这个原因，在他的门下培养了李可染、赵无极、朱德群、吴冠中等一些最具创造性的现代中国艺术家。"

学者李永强在一篇题为《使艺术回归艺术本体——论林风眠及其学生吴冠中对 20 世纪中国美术的贡献》的文章中认为，作为一代宗师、画坛巨擘、伟大的美术教育家，影响 20 世纪中国美术发展的关键性伟大人物——林风眠，及其学生吴冠中对 20 世纪中国美术的发展尤其是"使艺术回归艺术本体"这一深刻影响艺术发展的命题起到了至关重要的作用。"他们对艺术深度的理解、研究与不断尝试以及前卫性的思考，使他们进入了形而上的艺术自身发展的更高的文化层次，也使他们比同时期的画家们在艺术上更具探索性，而且走得更远、更具深度。"

林风眠早年深得蔡元培的赏识和提携，他一生对蔡元培敬佩之至，晚年还计划创办以蔡元培的名字命名的"孑民美育研究院"，可惜壮志未酬，成了一桩未完成的遗愿。可巧的是，他与蔡元培都长眠于香江，蔡元培 1940 年 3 月在香港去世，两位老朋友在这里完成了"天上的相会"。

第七章　新世纪

告别

VII

巴黎（六）：世纪绝响

> 有一种未来的艺术，这种艺术正在变得那样可爱，那样有生气，我们为它而牺牲我们的青春，一定会不知不觉地从中得到好处。……在我看来，你跟我一样，眼看着人的青春像一缕青烟那样地消逝了，心里很难受。但是如果它重新萌芽，并且在你的事业中重生，你就没有一点损失。工作的力量是另一种青春。
>
> ——凡·高（Vincent van Gogh）

《复兴的气韵》

2002 年 4 月，朱德群夫妇应上海大剧院之邀到上海商谈为该剧院创作巨幅油画事宜，吴冠中以 83 岁高龄特意从北京赶到上海与朱德群见面。经过认真地考察和审慎地思考，朱德群决定为上海大剧院创作一幅名为《复兴的气韵》的巨幅油画。

回到巴黎之后，82 岁的朱德群就开始着手创作这幅长 7.3 米、宽 4.3 米的大画。他先精心创作了 9 幅小图构思巨作，而后才在特制的巨幅画布上开始创作。"他希望在这幅画上反映出一个正在蒸蒸日上和日益崛起的中国。"（吴钢：《世界名画家全集：朱德群》，河北教育出版社 2009 年版）

为了全身心地集中精力创作，朱德群谢绝了各种应酬和社交活动，闭门专心作画。他先将油画颜料调稀，用大排笔饱蘸颜料，在画布上铺上底色。他的这种画法与中国画的泼墨写意有异曲同工之妙。由于心中早有腹稿，所以底色铺完整幅作品的结构布局就基本完成了。

朱德群作画时，画室里常常播放着贝多芬的《田园交响曲》，音乐的律动也折射到画面中。他在底色的基础上逐层晕染，挥洒自如，六十多年的绘画功力在这幅鸿篇巨制中表现得淋漓尽致。随着收官阶段的到来，激情的宣泄也达到高潮。气势磅礴的画面上，几抹浓艳的红色跃动着点亮深沉的画面。

《复兴的气韵》获得了巨大的成功，此画刚刚完成，巴黎歌剧院院长嘎勒看到这幅画后大为震撼，恳请朱德群在运往中国前能否先在巴黎歌剧院展出，朱德群同意了。2003 年 6 月 20 日，巨画揭幕时的轰动场面，印证了一幅伟大作品的诞生。法国艺术界高度评价这幅作品："犹如黎明的光辉，在雄浑热烈的气氛中展开，那千变万化的光影变换，如旋律的颤动，波及到无穷尽。"

2003 年 8 月 27 日，《复兴的气韵》悬挂于上海大剧院正厅中心，正式揭幕，成为该院的"镇院之宝"。这也是朱德群离开中国 50 年后以 83 岁高龄留给祖国的最好礼物——他将这幅作品无偿捐赠给了上海大剧院，实现了他"把最好的作品留在祖国"的诺言。

赵无极当选法兰西艺术学院院士

2002 年 12 月，赵无极当选法兰西艺术学院终身院士，成为继朱

朱德群夫妇在巨制《复兴的气韵》前留影

朱德群在《复兴的气韵》前留影

德群之后第二位当选的华人艺术家。法兰西学院第一位华裔院士程抱一在评价赵无极的艺术创作时说："他开始了激动人心的长期探索，并吸取了西方艺术的伟大之处。与此同时，他也发现了东方文化之精彩。"

有评论称，以宏观的视野审视整个中国艺术的发展脉络，赵无极具有承前启后、开创传统的重要地位。他回溯了中国唐宋山水画的美学与人文精神，并融会西方艺术中色彩与明暗光影的表现方式，创造出一种独特崭新的绘画语言，可说在中西美学融合的探索进程上，体现最完美的汇合和范例，具体实现了从林风眠等以来整整两代艺术家

赵无极当选法兰西艺术学院院士

的探索和追求，见证和成就了中国艺术的现代复兴，这也正是程抱一在《论赵无极》中所说的："由于赵无极的作品，倒似完结了一份悠久的期待，可以说中国绘画就在这份期待里面守候了超过一个世纪。一种真正的共生艺术，终于首次自我实现了，空前地在中国与西方之间取得了一定的地位。"

2003 年，赵无极当选法兰西艺术学院院士，与好友贝聿铭（左图）和朱德群（右图）在一起（Dennis Bouchard 摄）

香港（四）：天价、无价

> 幻想也许会消失，但是崇高的东西却保留下来。
>
> ——凡·高（Vincent van Gogh）

维多利亚湾写生

2002 年春，香港维多利亚湾，83 岁的吴冠中已是满头白发。他站在香港艺术馆的楼顶平台上，现场为观众演示户外写生。此时香港艺术馆正在举办"无涯惟智——吴冠中艺术里程"大型回顾展。大厅里人头攒动，人们在观看吴冠中写生的现场直播。只见吴冠中凝神远望，那是他每次户外写生时的典型表情。忽然，意外的情况出现了：天降大雾，能见度不到 5 米，维多利亚湾的楼群瞬时淹没于虚无缥缈之中。怎么办？吴冠中从容地拿起画笔，凭着前几次在香港写生的记忆，准确地勾勒出海港中的楼宇和往来的船只，观众群中发出阵阵赞叹。这是吴冠中常年不离写生笔下功力的集中体现。

事有凑巧，恰恰是画展开幕的这一天——2002 年 3 月 6 日，法兰西学院艺术院投票通过吸收吴冠中为通讯院士。按照该院的规定，

2002 年，"无涯惟智——吴冠中艺术里程"展览期间，吴冠中在"速写香港"活动现场面对维多利亚湾写生（图片由香港艺术馆提供）

2010 年，"独立风骨——吴冠中捐赠展"展览厅（图片由香港艺术馆提供）

本国当选者授为院士，外国当选者则授为通讯院士。吴冠中是第一位当选通讯院士的中国人，而朱德群和赵无极均为院士，至此，当年的"留法三剑客"又站在了同一个平台上。

值得一提的是，作为画家的吴冠中，早年却有一个文学梦。也因此，他一生笔耕不辍，他的文笔细腻、流畅，文风受他所爱戴的鲁迅影响，笔锋犀利、尖锐，脍炙人口。他写文章和他画画一样，也是力透纸背的。2004 年 6 月，他的自传《我负丹青》出版，作为对自己一生的总结，他的自传在读者中引起强烈反响，出版社连续加印了六次。他在给友人的一封信中曾说："我来日无多，我将仍奋力攀向我将跌死的高点。前不见古人，后不见来者。文章千古事，得失寸心知。"吴冠中是一位非常真诚的艺术家，在他身后，他对艺术、对国家、对人民的真诚，再度感动了世人。

拍卖场刷新纪录

2006 年 5 月，朱德群的《红雨村，白云舍》在香港佳士得"二十世纪中国艺术"拍卖会上以 2588 万港元成交，创下其作品最高成交纪录。

2007 年 6 月，吴冠中的《交河故城》在北京保利春拍上，以 4070 万元成交。

2008 年 10 月，吴冠中水墨版《长江万里图》在香港苏富比秋拍上，以 1578 万港元成交。这幅长 5.3 米的墨彩长卷巨作，由吴冠中委托义卖，他将拍卖所得的 1275 万港元全部捐赠给清华大学，于 2008 年 12 月 13 日设立了"吴冠中科学与艺术创新奖学基金"。

2011 年 4 月，在香港苏富比"二十世纪中国艺术"春拍上，朱德群的双联作《冬之灵感》以 2866 万港元成交，再次刷新了他个人作品的拍卖纪录。

2012 年 11 月 27 日，香港佳士得秋季拍卖会，朱德群的《白色森林之二》以 6002 万港元成交，再次刷新了朱德群作品拍卖的世界纪录。

在这一阶段，赵无极作品在拍卖市场上成为最受追捧的拍品，拍卖价格连创新高。2011 年 10 月，他的《10.1.68》在香港苏富比"二十世纪中国艺术专场"拍卖会上，以 6898 万港元成交，刷新了当时赵无极个人作品拍卖纪录。2012 年 4 月，香港苏富比"二十世纪中国艺术专场"拍卖会，总成交价前十名的作品中有 6 件是赵无极的作品。2013 年在北京的一次拍卖中，他在 1958 年创作的一幅《无题》拍出 8968 万元人民币的高价。

在 2011 年 3 月 31 日胡润研究院公布的《2011 胡润艺术榜》上，90 岁的赵无极以 3.4 亿元的总成交额排名第三，成为该年度胡润艺术榜的"油画之王"。

深 情 告 别

时间能使隐匿的东西显露，也能使灿烂夺目的东西
黯然无光。……我不会完全死去。

——吴大羽

吴冠中走了

2010年3月，"旅法画家朱德群回顾展"在北京中国美术馆开幕，身体已相当羸弱的吴冠中被人搀扶着看了展览，那是他最后一次在公开场合露面。预感到自己已来日无多的他说："我要跟老友朱德群的作品告别。"他还为老友展览带来贺词一首："苦耕耘，九十春秋。心，沉于艺海；光，照耀寰宇。"话由心生，这何尝不是他自己一生的写照和概括呢。

在吴冠中病重期间，家人为了让他多休息，不让他再作画，把桌子都搬走了。但他硬是将成包的书搭成了一个平台，把木板搭在上面，继续作画。他创作了《巢》《幻景》《休闲》《梦醒》等作品，在生命的最后阶段，他的画笔依然在画面上运动，正像他赞赏的凡·高

一样，"表现了一切生命都在滚动，都缘于画家的心在燃烧"。他将这最后的作品也捐给了香港艺术馆。而此时那里正在展出"独立风骨——吴冠中捐赠展"。开展前他对特意到北京去的香港艺术馆馆长司徒元杰说："我不能去了，给观众写几句话吧。"他写道："独木桥头一背影，过桥远去，不知走向何方。60年岁月流逝，他又回到了独木桥，老了，伤了，走上桥，面向众生。"这是他在向观众作最后的道别。

2010年6月25日，北京医院，吴冠中已处于弥留之际，时而清醒，时而昏迷。让他放心不下的，是他委托吴可雨去香港捐赠最后一批作品的事。直到吴可雨从香港归来，告诉父亲都办好了，他才安心地闭上了眼睛，享年91岁。

生前一贯低调的他，多次叮嘱子女，身后不搞任何形式的悼念活动。当7月1日凌晨他的灵车穿过十里长街的时候，人们尚在睡梦中。那是他在深情地与北京告别，与这个世界告别，也与他不想打扰的观

2009 年 8 月，香港艺术馆在北京吴冠中家中接收捐赠
（图片由香港艺术馆提供）

2010 年春，吴冠中为「独立风骨——吴冠中捐赠展」展览亲笔题词
（图片由香港艺术馆提供）

众告别。这位一生苦苦追寻艺术，最后将毕生心血捐献给国家的艺术大师，留下了太多的精神遗产，他的悄然离去在社会上掀起了巨大的波澜。

其实，吴冠中一直在有计划地与我们告别：当他先后捐献作品给中国美术馆、上海美术馆、香港艺术馆的时候，他其实是在说："我要走了，把作品留给你们，看我的画和我告别吧。"2010年3月，他硬撑着去参加"旅法画家朱德群回国展"，他说："我是来和朱德群的作品告别的。"当他被人搀扶着乘车离去的时候，当时在场的熟悉他的朋友，预感到这可能是最后一面。果然，回去没多久，他就感到身体不适，住进北京医院。他的一些老朋友知道消息后要去医院看他，都被他婉言谢绝了。他走得很急，让大家都没有心理准备。

吴冠中的长子吴可雨在回忆起父亲最后的岁月时几度哽咽，他说："父亲一生最大的痛苦，就是因各种原因不能创作；最大的快乐，就是能创作出满意的作品。所以，父亲多次嘱托，身后不要搞任何形式的悼念活动，'想念我，就去看我的画吧'。"

吴冠中去世后的第三天，时任中国美术馆馆长范迪安赶到吴冠中先生家中看望，他当时就决定马上筹备一个"吴冠中捐赠作品纪念展"，让观众在吴冠中的画前交流、谈心、怀念。

2010年7月7日傍晚，在北京中国美术馆"不负丹青——吴冠中纪念特展"开幕式上，吴冠中以他特有的方式与亲朋、学生、观众，以及他挚爱的人民告别。大屏幕上，滚动着吴冠中从儿时到暮年的一幕幕经典时刻；墙上，悬挂着凝聚他一生心血创作的一幅幅精心之作；耳畔，回响着他带着浓郁乡音的话语，仿佛他依然在言说……

范迪安在开幕式上致辞说："吴冠中是我们这个时代的骄傲，他是一个标志性的画家。他不断创造，体现了民族、时代和人类的精

吴冠中画室遗物，摄于 2010 年清华大学吴冠中追思会后（图片由香港艺术馆提供）

神。吴冠中把精品捐赠给美术馆，实现他那'来自人民，回报人民'的愿望。"

　　在展览开幕前 3 小时，远在法国巴黎的著名旅法画家朱德群的夫人董景昭得到了消息。她说，听到冠中去世的消息非常悲痛，由于朱德群于一年多前因患脑血栓导致半身不遂，不能讲话，令她不忍心将吴冠中去世的消息告诉他。独自忍受悲痛的她，将自己写的一首小诗传给记者。

　　范迪安馆长在开幕式现场朗读了这份来自远方的怀念："恶讯传来，暗弹伤心泪 / 德群病中，您是他精神上最有力的支柱 / 你们对人生的共识，给了他莫大的安慰 / 他不再孤寂了 / 我不忍心让这残酷的事实加以折磨 / 让他平静的心萦绕于人间 / 等待那与您惊喜的相会……"

　　吴冠中一生都过着非常简朴的平民生活，虽然晚年作品在各类拍卖会上屡创"天价",但他依然故我地过着清心寡欲的简单生活。他说:"人生是一个过程,在过程中间把价值体现出来,方式有两种:其一掠夺,抢的财富越多越好;其二创造,在于发明、在于探险,把好东西留下来。我把自己的画视为女儿,找个好婆家嫁出去,留给子孙后代看。"

据香港《明报》报道,自 2000 年以来,吴冠中的 1417 件作品在艺术市场上的成交额高达 17.8 亿港元,仅次于齐白石。但吴冠中却选择主动将自己的作品捐赠给中国美术馆、上海美术馆、北京故宫博物院、香港艺术馆、中国美术学院、新加坡美术馆,共捐赠了数百幅的作品。他一生中的精品全部献给了人民,完成了他"艺术归于人民"的愿望。

美术馆一楼大厅里挤满了前来观展的观众,大厅里萦绕着低回婉转的音乐,每一位观众都收到一枚花瓣形的小纸片,可以写下最想对吴先生说的一句话。一位观众写道:"您留下的作品将成为中华民族的艺术财富,我们永远怀念您。"

在画展大厅,迎面一幅吴冠中先生的黑白肖像格外引人注目。他深邃的目光里透露出中国知识分子强烈的忧患意识。画像背后,摆放着他用过的画笔、画架、颜料和墨迹斑斑的画毡。睹物思人,一位"艺术真人"已经远去,而陈列在墙上的一幅幅作品——《扎根南国》《昼夜》《逍遥游》等,似在诉说着他一生的辉煌。

赵无极的最后岁月

吴冠中走了,92 岁的朱德群住在巴黎的医院里,已不能提笔作画。而 91 岁的赵无极也因脑退化症放下了画笔,据法国《费加罗报》报道,著名画家赵无极 2011 年秋天正式离开了他已经生活了 60 多年的巴黎，前往瑞士，在日内瓦湖边住下。一同前往的是他的第三任妻子弗朗索瓦女士，以及 400 多幅珍贵的画作。

2013 年 4 月，一生在想象世界里驰骋的赵无极驾鹤西归，仿佛是他在虚空世界里的又一次旅行。只是这一次，他不再归来。

赵无极毕生以独特视角观察思考，用心灵与画面共呼吸。他曾经说："我不怕老去，也不怕死亡，只要我还能拿画笔、涂颜料，我就一无所惧，我只希望能有足够的时间完成手上的画，要比上一幅更大胆、更自由。"

享年 93 岁的赵无极在法国生活了 60 多年，但他始终没有丢掉中国绘画的精髓，也从未停止从祖国深厚的文化根基中汲取养分并创造性地融汇到自己的创作中。所以，他创作的油画作品虽然是抽象的，但西方观众和艺术评论家还是从中看到了东方意蕴。

朱德群谢幕：天堂里的相会

2014 年 3 月，当巴黎的春天悄然来临的时候，朱德群在巴黎的一家医院里安然地走完了他人生的最后一程。94 岁的他，已经不能说话、不能提笔作画，但他依然深情地注视着这个世界，顽强地等到了一个新的春天。花开时节，他在睡梦中远行。

谈到朱德群生命中最后的日子，夫人董景昭女士回忆，朱德群自 2009 年因脑血栓导致左脑受损，右半边身体瘫痪，5 年来已不能提笔作画，但意识一直清醒，最初还尝试用左手写字表达意愿。5 年来在医院几进几出，也已习以为常。原本打算 3 月 24 日周一出院回家的，但周一早晨家人接到医院主治医生来电，说老人因肺炎不能按原计划出院，且身体各部分器官都已非常衰弱。次日再打来电话时，他已于睡梦中"平静地走了"。

　　此时，为期6个月的大型联展"见证时代的画家"刚刚在巴黎美术馆圆满落幕，"朱德群，走向抽象之路"作为此次联展的重要组成部分，回顾了他从1955年到2008年50余年的创作历程。近60年相濡以沫、非常了解丈夫的董景昭说："好像他有意等着这一切都完成，他就安心地走了。"

　　2014年3月31日，朱德群的葬礼在巴黎拉雪兹神父公墓举行。他是"留法三剑客"中最后一位离世的，三位画坛巨匠辉煌的艺术人生，就此缓缓落幕。

晚年朱德群（许先行摄）

朱德群遗像

朱德群旅居法国将近 60 年，在这里，他的绘画从具象走向抽象，他以其丰富的人生阅历和深厚的中国文化修养为底蕴，融合东西方艺术的精髓，最终形成了他独特的艺术风格。他近 80 年的艺术实践客观上促进了东西方文化的交流，被称为"多元文化大使"。而文化的多元性正是不同文明之间对话、和平相处的源泉。由于融合了中国文化的传统和西方绘画的观念与技巧，朱德群的绘画艺术中既有东方艺术的温婉细腻，又有西方绘画的浓烈粗犷，两种风格兼容并包，相得益彰，堪称完美。

朱德群故居一角

朱德群之墓

尾 声 活在后世

> 我称之为英雄的，并非以思想或力量取胜的人，而仅仅是因其心灵才伟大的人。正如他们中最伟大的一个——贝多芬所说："除了善良，我不承认世上还有其他高人一等的标志。"没有伟大的品格，就没有伟大的人，甚至也没有伟大的艺术家、伟大的行动者；而只是一些为群氓而立的腹中空空的偶像，时间会将它们统统摧毁。成败无关紧要，重要的是伟大，而不是显得伟大。
>
> ——罗曼·罗兰（Romain Rolland）

世界上只有少数人能够最终实现自己的理想，很幸运，吴冠中、朱德群、赵无极这三位以艺术为终极目标的画家最后都达成了当年的理想。他们的生活很单纯，不管身在何处，也无论贫富境遇，他们的心中深深地激励着那种创作的热望，他们为此朝圣。艺术创作本身是一种创造性的脑力与体力相结合的劳动，他们一生劳作，并乐在其中。这就是大师的境界。

"留法三剑客"在中外美术史上创造了辉煌的艺术成就，他们终其一生，探索如何在融合东西方艺术的基础上创新。如何评价他们三人的艺术成就，一直是艺术评论界关注的话题。

未完结的"留法三剑客"

中国艺术研究院专门从事外国美术研究的王端廷认为，赵无极是从中国山水画形式结构融西方抽象表现主义，他的特点是含蓄、深刻、博大，中国传统气息最浓。朱德群最大的特点是色彩绚丽，加入光的应用，这在传统中国画中是没有的。他的画作热烈、开放、绚丽，接近西方表现主义。吴冠中与赵无极和朱德群不同，后二者都强调块面结构，吴冠中强调现代应用，注重中国"文人画"的传承，体现中国人的精神。他的"风筝不断线"理论，就是强调中国传统、文化、艺术和精神，所以吴冠中是融东西方、抽象与具象的最佳结合。吴冠中的艺术是借用西方抽象表现主义的火种，在中国的艺术土壤中生根、开花、结果。如果说林风眠是中国现代艺术的开拓者，那么吴冠中是集大成者。吴冠中的去世，标志着一个时代的终结。

吴冠中、朱德群、赵无极三位艺术家在探索中西融合这一点上是共同的，仿佛在两种思维方式之间自如地游走，在表达方式上也独辟蹊径，分别创作出别具魅力又辨识度极高的作品。吴冠中曾说，在他内心深处，始终有两位观众，一位是西方的大师，一位是中国的大众。他的创作总是希望得到他们一致的首肯，因了这种追求，吴冠中的很多画是雅俗共赏、耐人寻味的——既概括又直白，有一种哲学的意涵。而诗的意境，是三人共同追求的。

法国前总理多米尼克·德维尔潘在"德·库宁/赵无极"展览的"前言"中对两位画家的评价也像是对"留法三剑客"说的，他说："所有超越生命的皆为自由，也是永恒的唯一真实形态。"他认为，赵无极的画作更接近写实风景画，令我们相信消失的线条确实存在，相信隐藏于画布深处的角度。"他的画作引人入胜，令人着迷，我们的目光总被主要的动作吸引，再被画作的细节引导。"他说："他们带领其他人摆脱传统，打破孕育他们长大和成熟的框架。他们透过突破有形的束缚，成为先知。"

三位艺术大师怀着满心的渴望追求美，这种发自内心的热爱真诚而强烈，以至于他们为此执着一生。最令人感动的是，"文革"十年，吴冠中的物质生活条件一度极为艰苦，他像很多中国知识分子一样被迫到农村接受"再教育"，即使后来回到北京，整个社会也依然陷于物质极度匮乏的经济困境中无法自拔。但只要能画画他就不觉得苦，他一旦全身心地投入创作，周围的嘈杂市声就遁于无形，他内心就无比充实和强大。他的画里有一种洗练，高度概括的精到，有时简到极致，有时繁复透彻，都蕴含着恰到好处的力量感，隐而不发的热情埋藏在平静的外表之下。他一生的苦苦求索，都凝练到画中，作为巨大的内心能量，每每让观画者为之动容。

中国美院院长许江在一篇题为《大象无居——浅谈吴冠中先生的"象"论》的文章中说："回望20世纪的中国艺术，在她风雨幻变的长卷之上，交织着东方与西方、传统与现代、继承与拓展、全球与本土、为大众为艺术等诸多论辩与歧争。能够从实践到理论都全面地回应这些问题，并以自己的充实而持续的艺术成果去敲击时代的音响的，吴冠中先生是最突出的一位。"

曾多次为朱德群的画展撰写序言的巴黎艺评人高修·塔拉波（Gerald Gassiot-Talabot）认为，"他的绘画是一种自然的流露，颤动的、热情的、不被一般绘画的原则和理论、视觉上的界限，或是各种标志所拘束，他的绘画只是一种抒情的奉献，低声倾诉生命的奥秘"。他认为，在现代艺术表现最自由的今日，朱德群忠实于他自己，忠实于他的种族，忠实于他所属的最古老的国家。他抱着克服和研究的志愿，在那里变化多端地创作，朱德群个人的境界完全决定在一个很难衡量的天秤上：一方面是那包重大压人的精神和艺术遗产，另一方面是诱惑人的国际绘画派别，这对某些人来讲，会拒绝属于因环境或区域性而分的类别，然而，所幸的是，这位画家由于他的智识避开了这些最威胁人的陷阱，并超越了中国与西方暧昧不明的地带。

巴黎文学与艺术批评家余伯阮（Hubert Juin）认为，朱德群的画不苛求于"阅读"，但是需要"沉思、冥想"。他认为，朱德群的画不是一件东西而是一个实体。它在空间占据了他的领域，这就是实存，这就说明朱德群的画的自我肯定：如同一个实体将在某个领域出现一样，所显著的即在实存，从这个时候开始，观众就会掉入在他们自己眼光中一个认为是物体的陷阱里，正因为朱德群的画有如此迂回的阐述其自我的能力。因为这个显著的实存并且急迫地划定了领域，使朱德群的作品不停不断的促成，这就是他的本来面目，因此我们在冥想中的画也就找出来了"沟通"的答案。

朱德群的好友、法国艺评人卡班（Pierre Cabanne）回忆说："大幅作品对朱德群来说并不陌生，为了在覆盖整个画面的过程中从头至尾不加修改也不返工，他使用一把滑轮椅子和升降机工作。这样，他可以移动观察工作的进度。……他一边有条不紊地创造，一边即兴地发挥。他偏爱某些色彩，玉石或果园的绿，天蓝或海蓝、金黄、秋褐、灰白，他时而将它们融合，时而将它们对立，他打破形式，让光颤动，在反差的系统上模糊价值。画作逐渐完成，绘画随着出其不意的感动展开，一直到色调、颤动、光线发生细微的变化。"

2013 年秋，97 岁的苏立文生前最后一次到访中国，他在接受中国记者采访时这样评价朱德群和赵无极：他们的画作有一定相似性，不同的是，"朱德群以色彩幻化抽象画，他画作中那些图像就像是从哈勃望远镜观看银河系时拍摄下来的，美得令人心颤，尤其是色彩，就像朱德群的画。要知道，他创作这些作品时那些银河照片还没发表呢！"至于赵无极，"虽然自然风景的意味在他的作品中并不突出，他1995年画的三联画《Triptych》，却处处充满着自然的气氛，令人仿佛感觉到画笔在空中回转舞动，交织着真实和虚无的自然。这些抽象画作所表达的正是中国人所指的'象外'，已经完完全全地融入中国画之中了。"

苏立文在《20世纪中国艺术与艺术家》中这样评价赵无极：他"在自己的创造性的想象中，把东西方调和在了一起"。他认为赵无极的贡献在于其"自身传统下的抽象表现主义元素"。正如赵无极自己所说："创造，是心灵和画面的接触。"他认为画画不仅仅是画的问题，"要像和尚静养一样，想一想怎么画，把主题忘掉，把自己摆进去，使人本身同感情、同画面连接起来"。

苏立文认为："虽然赵无极意识到自己的中国根，但正如他至今所为，并不竭力要回到中国。他在形成自己的风格之前离开中国，作为一个青年人投入巴黎美术界，去寻找一个人和一个艺术家的自我。这种挑战远远要比把东西方结合在一起的意识和愿望更加迫切。因为这种调和产生于直觉，并深植于他的心灵中，一旦他能够把控住这种迅疾反应的影响，就能够创造出使人印象深刻的、纯粹的、和谐的艺术。一个巴黎人，但不是巴黎画派成员；一个中国人，但不是中国流亡者。"

赵无极基金会主管扬·亨德根认为，赵无极是第一个和全球绘画都有关联的亚裔画家，是第一个国际化的楷模和先驱。他的经历让他比较现代，他是第一批把东方和西方艺术融合起来的画家，对他来说融合非常重要。赵无极认为，每种文化中都有需要学习的东西，中国和欧洲的文化都有相当的高度。1985年赵无极受邀回到杭州浙江美院（今中国美术学院）给学生上课，那个时候赵无极给学生们留下了非常深刻的印象，他回到中国对中西交流很重要。

对于 1985 年赵无极回母校授课，从美术史的角度看有两方面的意义：一方面是对中西交流的意义重大，对赵无极艺术思想的传播，被视为中国现代艺术进程中的一个里程碑事件。当年上过他的课的 40 位青年教师，后来很多成了中国美术界的骨干，如许江后来执掌了中国美院，尚扬曾任湖北美院副院长，孙建平是天津美术学院的教授，他们将赵无极的影响力在学界延伸到下一代。另一方面，从教学相长的角度看，对赵无极个人的创作也产生了深远的影响。那年他回到法国，就开始创作三联画《1985 年 6 月到 10 月》这幅应贝聿铭之邀创作的他一生中最大的油画——10 米长、2.8 米宽，历时 5 个月，堪称他个人一生的巅峰之作。在 2018 年 9 月香港苏富比的拍卖会上，这幅画拍出了 5.1 亿港元的香港绘画拍卖史上的最高价，也刷新了赵无极作品的世界最高纪录。

2018 年 9 月 30 日，香港苏富比秋拍现场，赵无极平生创作的最大尺幅油画《1985 年 6 月至 10 月》以 5.1 亿港元成交，刷新赵无极作品世界拍卖纪录，并创下亚洲油画世界拍卖纪录，成为香港拍卖史上成交价最高的画作（图片来源：苏富比）

　　著名学者、法兰西学院首位华裔院士程抱一曾在 20 世纪 80 年代初时，就称赵无极的艺术成就像一个"奇迹"。他说："赵无极的艺术命运并非仅仅是个人的，它与数千年中国绘画艺术的发展演变密切相关。得益于其人的作品，这一根本的事实非但不曾削弱艺术家个人探索的价值，反而使之更具打动人心的力量。事实上，得益于其人的作品，中国绘画于其中滞留了超过一个世纪的漫长期待似乎得以结束。于中西方之间早应发生的真正共生，第一次出现了。也许，当评论家们忆起正在 20 世纪的中叶，艺术家从他遥远的国度来到巴黎定居这个决定性的时刻，称之为某种奇迹是对的。仿佛奇迹一般，他立刻找到了自己，并完全专注于创作中，其所表现及其所达到的深度，至今仍让我们惊异。"他将赵无极的画称之为"真正灵性的视像"，在他的画里，"所有活过的梦都突然——没入不可见之中，无可避免地，他走向空灵。除却存在经验与技巧实验，最终目的，无非要表达一个真正灵性的视像。其画中所展开的空间，如同星光闪耀的夜空之中，不断燃烧的异火，每当我们看见他的画，就会成为我们自身神秘的纯粹投射。"

　　这三位大艺术家从同一个出发点、几乎同时出发，在中国和法国平行发展，互为参照，在不同的时期、不同的国度，每个人有不同的进展，在艺术的星空中相继大放异彩，又交相辉映。他们在行进中互为参照、互相扶持，也不断创造互动的能量。在接近终点的时候，他们在"艺术的山顶"再次聚首——他们分别从东西两侧向上攀登，一路将东西方文化融会贯通，各自探索出一条中西融合之路。

展览——"艺术的江湖"上还有他们的传说

　　吴冠中、朱德群、赵无极过世之后，他们的作品在欧美及亚洲地区的展览并没有停止，人们从他们留下的画作中追忆他们艺术的灵魂。

2010 年 6 月，吴冠中在北京去世之际，"独立风骨——吴冠中捐赠展"正在香港艺术馆举行。他在生命最后阶段的"绝笔之作"也由他的长子吴可雨送到香港捐出，并在画展上展出，在香港引起强烈反响。

2014 年，朱德群瓷罐展在纽约的马勃洛画廊（Marlborough Gallery）举行，展出朱德群作品 27 件，并出版目录。

2015 年 4 月，赵无极逝世后首个展览"赵无极版画油画作品展"在巴黎中国文化中心举行，展出作品近 40 件。

2015 年，为纪念朱德群到达法国马赛 60 周年纪念，在马赛的蒙蒂切利基金会举办了"海之恋"朱德群作品展。

2015 年 11 月 26 日，新加坡美术馆从香港艺术馆借出吴冠中代表作《双燕》《扎什伦布寺》《秋瑾故居》，结合馆藏举办"吴冠中：大美无垠"画展。

2016 年 9 月，"无极限：赵无极"在纽约亚洲协会美术馆展出，这是赵无极在美国举办的首个回顾展，展出了 49 幅油画、水墨画和水彩画以及版画，赵无极的好友、当时已 99 岁高龄的贝聿铭亲自到现场观展。

2016 年 9 月，朱德群纸上作品展在巴黎中国文化中心举行，展品包括水墨、书法、纸上粉彩及丙烯作品，以及各个时期的素描等共 70 余幅作品。

2017 年 1 月，"德·库宁 / 赵无极"画展在纽约列维·戈尔韦画廊开幕。

2017 年 9 月 18 日，"无极之美：赵无极回顾展"在台湾台中亚洲大学现代美术馆举行，展览由该美术馆与赵无极基金会、元大文教基

金会共同主办，苏富比国际拍卖公司赞助，展出了赵无极自1935年少年时代起直至晚年的67件代表作品。

2017年，朱德群基金会在日内瓦成立。作为非商业性的公益机构，其宗旨是保护朱德群的作品，向其终身在艺术上的贡献致敬，并通过世界各地的展览使其发扬光大。朱德群基金会将广邀艺术界专家学者主办朱德群艺术研讨会，并设立朱氏奖学金，出版朱德群作品全集。目前基金会正在筹划2020年朱德群百年纪念大展。

2018年5月31日，巴黎举办华裔画家赵无极专题展"赵无极：无言的空间"，展出了40幅赵无极从20世纪50年代至2006年创作的油画作品。

2018年8月30日，新加坡国家美术馆举行"吴冠中：画境与文心"作品特展，展出一系列以画家最喜爱的主题为题材的名作，并配

2018年5月31日，巴黎市现代艺术博物馆携手法国赵无极基金会，为艺术爱好者呈上「赵无极：无言的空间」大型作品展。该展览展出赵无极自20世纪50年代至2006年创作的40幅作品，其中包括多幅大型绘画作品（田光雨摄）

以画家的相关文章共同展出，令观众可以体验画家的笔墨情思。该展览也是对吴冠中 2019 年百年诞辰纪念的献礼。

拍卖场上三位醒目的"焦点画家"

三位画家都在自己的有生之年见到了登顶的辉煌，也看到了拍卖场上动辄上千万甚至上亿的"天价"，在凡夫俗子的眼中，他们终其一生练就的"金手指"已然具备了点石成金的本领，但他们表现出的淡定却出奇地一致。艺术家常常沉浸在自己的精神世界中，对物质生活要求甚少，俗人所崇尚的物欲奢靡似与他们无关，但也免不了于窘迫时被低估、于辉煌时被追逐的烦扰，但他们总能依然故我，坚守当下，更活在未来——于后世受到敬仰，这是极少人能享受到的殊荣。

吴冠中、朱德群、赵无极过世后他们的作品在拍卖市场上表现不俗，不仅各自的拍卖纪录不断被刷新，而且常常是全场最高价。在香港苏富比、香港佳士得等拍卖场上，"留法三剑客"还常常被联袂展出、重点介绍，足见他们在艺术史上影响深远。以下是三位画家去世后他们的作品近年来在拍卖市场上的表现。

2014 年 6 月，苏富比北京春拍，赵无极 1955 年创作的作品《夜之森林》以 3600 万元人民币落槌，成为全场最贵拍品。

2015 年 4 月，保利香港春拍"中国及亚洲现当代作品"专场，吴冠中 1975 年创作的油画《滨海城市（青岛）》以 3894 万港元成交。

2015 年 5 月，香港佳士得春拍"亚洲二十世纪及当代艺术（晚间拍卖）"专场，朱德群作品《冬季苏醒》以 2252 万港元成交。

2016 年 4 月 4 日，保利香港春拍"中国及亚洲现当代艺术"专场，吴冠中的巨幅油画作品《周庄》最终以 2 亿港币落槌，2.36 亿港元成交，创造了吴冠中个人作品的拍卖纪录。

2016 年 5 月，香港佳士得 30 周年拍卖，赵无极作品《翠绿森林》以 7068 万港元成交，成为此次夜拍的魁首。朱德群作品《无题》以 4044 万港元成交。吴冠中作品《雨后玉龙山》以 2252 万港元成交。

2016 年 11 月，香港佳士得秋拍，朱德群的巨幅油画作品《雪霏霏》以 9182 亿港元成交，创当时个人最高纪录。

2017 年 5 月，香港佳士得春拍，赵无极的油画作品《29.09.64》以近 1.53 亿港元成交，创当时个人最高纪录。

2017 年 9 月，香港苏富比秋拍，赵无极的油画作品《09.01.63》以 6311 万元人民币成交。

2017 年 10 月，保利香港秋拍，赵无极 1959 年作品《24.03.59—31.12.59》以 5093 万元人民币成交。

2017 年 10 月，保利香港秋拍，吴冠中作于 1975 年的作品《坦桑尼亚大瀑布》以 4456 万元人民币成交。

2017 年 11 月，香港佳士得秋拍，赵无极的油画作品《08.11.79》以 4221 万元人民币成交。而他的《29.01.64》以 1.72 亿港元成交，再度刷新个人最高纪录。

2018 年 4 月，香港苏富比春拍，赵无极的油画作品《09.01.63》以 7603 万港元成交。

2018 年 6 月，北京保利春拍，吴冠中的油画作品《漓江新篁》以 6450 万元人民币落槌，加佣金最终以 7417.5 万元人民币成交。

2018 年 9 月，赵无极平生最大尺幅油画作品《1985 年 6 月至 10 月》在香港苏富比秋季拍卖会上，以 5.1 亿港元的成交价同时打破了三项纪录：赵无极画作世界拍卖纪录、亚洲油画世界拍卖纪录以及香港拍卖史上画作最高成交纪录。

2018 年 9 月，香港苏富比秋拍，吴冠中创作于 20 世纪 60 年代的油画《山村晴雪》以 2292 万港元成交。

2018 年 9 月，嘉德（香港）秋拍，赵无极的《06.10.68》以 1740 万港元成交，吴冠中 2001 年作品《遗忘的雪》以 1625 万港元成交。

代后记 寻梦巴黎

一

2017 年 2 月 1 日早晨 6 点 40 分，飞机抵达巴黎戴高乐机场。我从舷窗向外望去，看到灰色的、半梦半醒的巴黎。

机场里人并不多，只有一些等人的旅客和上早班的机场工作人员。两位荷枪实弹、穿着迷彩服的宪兵，在机场大厅里来回巡逻，令人感到一丝隐隐的不安。

一个人和一个城市的距离，并不是一个定数。当心理距离非常遥远的时候，巴黎好像遥不可及。20 世纪四五十年代，当"留法三剑客"吴冠中、朱德群、赵无极来巴黎时，坐船要一个月才能抵达，而现在只需要飞行十一二个小时。即使到了 20 世纪七八十年代，跨国旅行也仍然是少数人的专利，80 年代留学潮中来法国的留学生也是千挑万选的幸运儿。然而此刻，巴黎就在眼前，所有曾经的憧憬，在已然到来的现实面前突然不知所措。

同事韩冰到机场来接我，并一路介绍着所经过的巴黎各区的特点和趣闻，汽车在通往市区的高速公路上疾驶。韩冰是报道时政新闻的记者，来巴黎驻外已经三年多了，对大巴黎地区的情况相当熟悉，所以他一路介绍着巴黎各区的情况。印象深刻的是，途经位于 93 省的法兰西大球场时，韩冰说，2015 年 11 月的恐袭就发生在这里，球场边上发生了三次自杀式爆炸，共造成 153 人死亡，震惊世界。时任总统奥朗德宣布巴黎进入紧急状态，到现在紧急状态也没有解除。

"怪不得在机场还能看到宪兵拿着枪巡逻。"我恍然大悟。

因为事先与朱德群夫人董景昭老师约好 12 点见面，所以我在巴黎分社安顿好马上赶往凯旋门附近的她家。巴黎地铁倒是没有想象中那么不安全，按照董老师的提示顺利地找到了她家所在的公寓楼。这座有 100 多年历史的白色建筑，看上去古朴典雅，有一部非常古老的电梯，每一层只有一户人家。

董老师穿了一件柔和的粉红色开衫毛衣，亲切与优雅一如二十年前在北京中国美术馆第一次见到她时的样子。那是 1997 年 5 月 28 日，朱德群首次回国举办个展，展览题为"大象无形——朱德群近作

朱德群夫人董景昭女士

展"。我从吴冠中先生那里得到消息，在美术馆见到了朱德群和董景昭夫妇。朱德群那年76岁，身材高大，棱角分明，待人和蔼真诚。董老师那时60岁出头，但看起来却很年轻，身材依然挺拔，显得非常干练，而且很有亲和力。那年他们的两个儿子以华和以峰也都随同前往，时任法国驻华大使毛磊和中国文化部部长孙家正都出席了开幕式。转眼整整20年过去了，看到客厅正中壁炉上方摆放着的朱德群先生的遗像，心中无限感慨。

客厅的墙上挂着一幅朱德群20世纪50年代的作品，那时他刚开始画抽象绘画。在客厅旁边的一个房间，以前是朱德群的画室，如今董老师将它改造成了书房。而书架上摆着的全部是朱德群作品按年份分册的作品目录！书房一角的画架上放着一幅未完成的画作，是朱德群一向喜爱的蓝绿色调，那是他的画笔最后所落之处。一切，都好像还没有结束，我忽然被一种深沉的怀恋所感动，从2014年3月26日朱德群去世到现在，三年了，仿佛他不曾远去，不曾离开。

朱德群在巴黎十七区凯旋门附近的寓所一角

闲聊中董老师问起我此行的安排，都想寻访哪些地方，见些什么人，我大致跟她讲了一下，没想到在接下来的日子里，她把一切都一一安排妥当，甚至怕我忘记还会发信息提醒我。董老师真是一位有心人，难怪朱德群先生曾经跟老友吴冠中说："我取得的成就里有景昭一半——甚至还不止一半。"她天生有一种处理繁杂事务的能力，有条不紊，举重若轻，里里外外都打理得妥妥帖帖。这样一位画家的妻子，真是太称职了，况且她本身是学美术出身，曾经就读于巴黎国立高等美术学院，但婚后为了协助朱德群的绘画事业，她主动放弃了自己心爱的专业，专心于家庭和丈夫的事业，六十年如一日，令人不由得心生敬意。

二

我到巴黎的第二天，日程安排得特别紧。一早，我和董老师就去拜谒了朱德群先生的长眠之地——拉雪兹神父公墓。拉雪兹神父公墓位于巴黎 20 区，占地 118 英亩，有两百多年历史，是巴黎市区最大的一座公墓，也是世界最著名的墓地之一。这里长眠着巴尔扎克、普鲁斯特、莫里哀、王尔德、肖邦以及比才等众多法国文化名人。

从北门进入，大约走了十分钟，就看到了在路边的朱德群之墓。董老师说，之所以选在这里，是因为他们一家曾经有很长一段时间就住在这附近，平时经常带着孩子到这里散步，当时就曾说这里是终老之后的好地方。朱德群的墓碑旁边，是大儿子朱以华的墓碑，他几年前因意外事故去世。董老师达观地说："就让他陪着爸爸吧。"我们将碑前的几片落叶扫到地上，董老师又绕到后面，弯下腰，将后面的落叶也小心地清理干净，然后轻轻地说："好了，我们走吧。"

离开公墓，董老师陪我去了法兰西学院和巴黎国立高等美术学院，这两个地方都在巴黎市中心，而且相邻比较近。法兰西学院坐落于塞纳河的左岸，与卢浮宫隔河相望，是经典的"河畔地标"——新古典主义建筑的典范，包括完整的廊柱和圆屋顶。这里是法国最权威的学术机构，下设学术院、文学院、科学院、艺术院和人文学院五大学院。法兰西学院的院士是终身制，具有很高的权威性。朱德群和赵无极曾是艺术院的院士，也是艺术院中仅有的两位华裔院士，吴冠中2000 年经朱德群推荐入选法兰西艺术院通讯院士，是首位获此殊荣的中国籍艺术家。据董老师回忆，他们每周三下午都会在这里开会，每次都是她开车送朱德群先生来，然后她在附近的咖啡馆里等他。朱德群是 1997 年 12 月当选法兰西艺术学院院士，也是第一位华裔院士，算起来他当了 17 年院士。

在法兰西学院背后的一条小街，就是著名的巴黎国立高等美术学院，林风眠、吴大羽、吴冠中都曾在这里学习，董老师也曾在此读书，所以对校园里的院落、大厅、画室、展厅都如数家珍。林风眠和吴冠中来法国时也都曾回母校故地重游，林风眠 1979 年来时惊讶地发现当年的画室和图书馆都还是 50 年前的模样，陪同他参观的院长解释说，旧校舍二战期间受到损毁，是 1968 年按原样恢复的。

出了巴黎美院，董老师说附近有个颜料商店是个老字号，因为质量好又品类齐全，朱德群画画的颜料基本都是从那里买的。转过一个街角，就看到了这家叫作 SENNELIER 的颜料店。店里人并不多，各种类别的颜料和美术用品琳琅满目。在一个摆满刷子的柜台前，董老师说，朱德群喜欢用大号的刷子画画，因为画面非常大，他有时要将两把大号的刷子绑在一起用，后来商店老板专门为他设计了一种超大号的刷子，没想到卖得还挺好。

从颜料店出来，我和董老师就此别过，我的下一站是赛努奇博物馆，约了赵无极基金会的主管扬·亨德根在那里见面。我的同事、巴黎分社文化记者张曼也过来帮我翻译，我们约在一家附近的咖啡馆会面。张曼是跑文化的记者，来法国驻外半年多，之前驻过非洲，而且大学期间交换来法国过一年，在法国南部的一座小城，所以对法国的

朱德群常去的颜料店 SENNELIER

本书作者采访赵无极基金会主管扬·亨德根先生（中）和赛努奇博物馆馆长易凯博士（右）（张曼摄）

情况相当熟悉。因为分口做文化新闻，她对艺术开始疯狂补课，经常到卢浮宫对照美术史作专项参观——每次只看相关部分，这也是只有长驻巴黎的记者才有的福利，真让人羡慕。

赛努奇博物馆位于巴黎八区，紧邻蒙梭公园，环境清幽。这个博物馆是属于巴黎市政府的亚洲艺术博物馆，常年陈列博物馆创建人亨利·赛努奇先生所收藏的 900 多件来自亚洲的艺术品。林风眠1979 年、吴冠中 1993 年在巴黎举办的个人画展都是在这里举行的。扬·亨德根先生如约而来，他还带了一位翻译易凯博士，实际上中文说得非常地道的易凯博士就是赛努奇博物馆的现任馆长！我们四人坐下来大约聊了一个多小时，我问了我最想问的一个问题：如何评价赵无极在艺术史上的地位？他们认为这个问题要从三个层面来谈：国家、国际和跨国层面。从法国的角度看，赵无极的地位非常高，从20 世纪五六十年代巴黎新的印象派，到后来八九十年代进入一个新高度，最后进入了传统圈子法兰西学院，非常法国化。从国际视角来看，赵无极的个展，最近几年常在美国、欧洲举办，以前也在亚洲举办过，2017年9月在台湾的台中市要举办一个大型的展览，不同的地域都可以从自己的角度解读赵无极的作品，但共同的一点是都认为赵无极的地位很高。扬·亨德根先生还提到在分类上，赵无极有时被归在法国画派、欧洲画派，有时被归在中国画派、亚洲画派。这显示出赵无极是第一批触及到如此不同文化的国际化的画家，对他来说，说他是法国画家，或者中国画家，没有任何意义，他已经超越了国界。

结束采访离开，张曼问我还想去哪里转转。没等我反应过来，她快速查了下手机说："我们去奥赛美术馆吧，今天星期三，可以开到晚上九点。"在奥赛美术馆，我看到了塞尚、凡·高、莫奈、雷诺阿等很多仰慕已久的印象派大师的作品。幸亏那天晚上去了，后来还真没有时间再去了。这一天真是太丰富了！

三

第三天，董老师带我去参观朱德群的画室。汽车从凯旋门出发，穿过市区，一路是巴黎各个时期的新旧建筑，逐渐过渡到淳朴、亲切的一栋栋乡间别墅。穿过一条人少车稀的街道，一栋米色与黄色相间的别墅映入眼帘。这里是巴黎郊区的94省，朱德群的画室就坐落在这里，这也是他在世时住得最久的房子。

门口的信箱里已经堆满了信，因为较长时间没有人居住，客厅里的家具也搬走了一些。但厨房、书房、卧室都基本保持着原来的模样，而且干净整齐，井井有条。特别是院子里的树和花，还有院子边上种的朱德群最爱的中国竹子，长得非常茂盛。

朱德群的画室在后院，是一座独立的、长方形的大房子，非常高，挑高有7米多。据董老师回忆，1989年他们买下这栋房子后，

朱德群位于巴黎郊区 94 省的画室

本书作者与董景昭女士在朱德群画室前合影

花了整整一年的时间在后院的空地上盖起了这个大画室，也是朱德群生平用过的最大的画室。为了方便大尺寸的画框出入，他们还特意在边上加了一个5米高的边门，给上海大剧院画的《复兴的气韵》就是4米高、9米长，刚好可以从这个门出。朱德群搬入这个新工作室后创作更加收放自如，大幅作品层出不穷；董老师持家有方，把一切打理得井井有条，家里也经常是高朋满座，有国内来的，也有巴黎的老朋友；两个儿子健康成长，都上了大学。但是后来朱德群身体就大不如前了，中风以后更是要坐轮椅了。为了让父亲方便下楼，学设计的以峰自己设计了一部电梯，可以从二楼的平台直接下到后院去画室。多么温馨的一个家啊！

从94省出来，我们直奔蒙帕纳斯，时间也接近中午了，到了蒙帕纳斯就找了家咖啡馆吃饭。从咖啡馆望出去，一座巴尔扎克全身塑像坐落在街道中央，想到这里曾经是20世纪巴黎画派代表画家夏加尔、毕加索等众多艺术家的聚居之地，也是赵无极和朱德群初到巴黎

巴黎蒙帕纳斯街头

时落脚的地方，顿时倍感亲切。

　　吃完饭董老师带我们来到只隔了几条街的大茅屋画室，当年吴冠中、赵无极、朱德群、常玉、潘玉良都曾在这里画画。如今"大茅屋画室"招牌还在，绿色的大门紧闭。我过到马路对面拍照，董老师和张曼站在附近，这时一位中年的法国女人走了过来，她在门口的密码锁上按了几下，门开了，她正要进去，机灵的张曼追了上去，用法语问了句什么，然后我们几个赶紧跟进去探看究竟。这时门口办公室里出来一位中年男子，董老师上前跟他说明来意，他说大茅屋画室里目前正在上课，再过五分钟课间休息你们可以进去看看，但是不能拍照。原来大茅屋画室还在运营，已经有差不多一百年了！董老师也感到很震惊，她说她年轻时也在这里画过模特，当时潘玉良总是坐在最前面，用毛笔画。这些年虽然一直住在巴黎，但来的次数不多，每次都关着门，想不到它一直还在营业。

　　楼道里的布告栏上，贴着各种美术班的培训信息。据董老师回

大茅屋画室外景

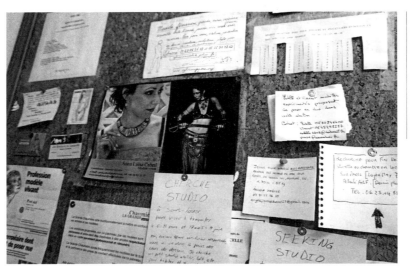

大茅屋画室的布告栏

忆，当年的学习模式是画一次交一次的钱，学生有优惠。现在依然是这个模式，一次22欧元，学生优惠到19欧元。还可以找老师改画，但要额外交钱。这时教室的门开了，休息时间到了。我们走进画室，里面围着中间的模特台摆了三圈画架，大约有二三十位画家在画画，有白发苍苍的老画家，也有年轻貌美的女画家，但总的说来中老年画家多一些。老画室依旧是以前的老地板，颜料斑斑点点，画室一角有个洗笔池，董老师悄悄跟我说一点儿也没变，跟原来的格局一模一样。

出了大茅屋画室，年事已高的董老师回去休息了，我和张曼便到拉丁区中心地带的卢森堡公园游览。近百座雕塑分布在公园各处，有希腊神话中的人物和动物，也有纽约自由女神像的原型，还有众多王后像和文化名人的雕像。想到当年吴冠中每日穿过卢森堡公园去上课、写生，更平添了几分亲切感。

从卢森堡公园不知不觉就走到了塞纳河畔的巴黎圣母院，有位年轻艺术家在桥上专心致志地画着微型画，旁边摆着他创作的艺术品。在巴黎艺术家的生存方式也是多种多样，一个城市的艺术氛围，也靠他们的滋养和营造。

在塞纳河畔的双叟咖啡馆，我们吃了晚饭，后去附近的莎士比亚书店。这间差不多有百年历史的小书店，因为著名美国作家海明威、菲茨杰拉德等后来成名的作家、文化人而久负盛名。在二楼的一个角落里，放了一架钢琴，一位看上去三十出头的男子轻轻在琴凳上坐下，开始即兴弹奏，舒缓悠扬的曲调从他的指尖流出，一时间书店里洋溢着温馨的艺术气息。

楼梯上方的墙上，贴满了各式留言，还有海明威等人的照片。桌上随处摆放着一些老式的打字机，据说当年海明威等作家就是用这里的打字机进行写作的。岁月感就这么不经意地感染着读者，连窗外的路灯、树影和老建筑，仿佛也曾穿越时空。

四

早春的巴黎，是多雨的季节。清晨望望窗外，常常是湿漉漉的，阴云压在天边，有点压抑。但空气很清冽，远远地还飘来烤面包的香味，那是清冷的街道上游动的一缕"人气"。来上一个刚出炉的法国牛角面包，外焦里嫩，入口即化，心情大好，一扫早晨的阴霾。

2月4日我决定去参观凡尔赛宫，那也是巴黎之行不容错过的一站。占地面积117英亩的凡尔赛宫，从里到外都金碧辉煌。这个路易十三买下原本作为狩猎行宫的地方，在路易十四手上成为法兰西宫廷所在地，据说最多的时候这里生活着36000人。坐城际火车抵达这里的时候，凡尔赛宫门口的游人并不多，没有出现排队的盛况。可能是由于昨天刚发生了恐怖分子闯卢浮宫的突发事件，这里也明显增加了

保安，骑警和持枪巡逻的警察神态都相当警惕，游客倒比较放松。

巴洛克风格的豪华装饰，从墙壁直至圆顶上布满精美绝伦的壁画，奢靡的宫廷家具和用品，可以想见当年这里的生活已经到了极尽奢华的地步。然而，每到这样的时候，潜在的危机也常常在积聚中，直到1789年法国大革命的爆发。徜徉在这样一座代表着法国宫廷文化最高峰的皇宫中，感觉到法国的文化、艺术乃至生活品位、礼仪其实都深受宫廷文化的影响。还不仅如此，整个欧洲都能感受到法国文化的影响。

从凡尔赛宫出来，回城的路上又接到董老师的电话，她把我需要的照片都整理出来了，让我去选一下。在董老师家里，我们又用了一个多小时挑选照片，最让人兴奋的是：董老师还找到了一张"留法三剑客"的合影！这真是太难得了，因为他们三人碰面的机会并不多，更多的时候是两个人见面，而这张合影拍摄于巴黎的一家餐馆，当日朱德群夫妇请吴冠中吃饭，正巧遇到赵无极也在那家餐馆，于是三人

说合个影吧，董老师就拍下了这张照片，三个人的表情都很自然，精气神也都不错。

<h2 style="text-align:center">五</h2>

2月5日是个周末，韩冰开车，我们直奔位于巴黎北部法兰西岛地区塞纳—马恩省的枫丹白露镇。这也是我来巴黎之前最想去的一个地方，因为关于枫丹白露有很多美丽的传说，中国第一代留法勤工俭学的人当年就是在枫丹白露补习法文，林风眠留法期间也曾在枫丹白露居住，徐志摩、朱自清笔下的枫丹白露也都美不胜收。以至于有人说中国人对枫丹白露有一种情结，甚至有人说枫丹白露这个中文译名翻得好，但是当我真正到了枫丹白露的时候，我才理解它真正的魅力所在。

与金碧辉煌、备受瞩目的凡尔赛宫不同，枫丹白露宫虽然是法国

最大的王宫，但它历经磨难的沧桑感以及拿破仑与约瑟芬的故事让这座古朴的宫殿格外迷人。它的很多陈列不像凡尔赛宫那样炫富和拒人于千里之外，而是亲切、动人、有浪漫和文艺气息。据说在16世纪的时候，弗朗索瓦一世曾经想造就一个"新罗马"，于是请来两位意大利大画家来主持内部装修，同时当然还有法国画家参加，成就了面貌一新的宫殿，并环绕着巨大、开阔的庭院。这种富有意大利建筑的韵味、又把文艺复兴时期风格与法国传统艺术风格完美融合的风格，就被称为"枫丹白露派"。有一种形象得有点耸人听闻的说法是："在深长的舞厅内，你似乎听到林中的声响仍然混合着绸缎长裙在地板上沙沙作响和随着音乐滑动的舞步声。"

从枫丹白露宫出来，我们决定去只有十几分钟车程的巴比松画家村。法国乡村宁静的旷野、森林和河流，在车窗外渐次呈现，让人不由得联想起米勒的《拾穗》和泰奥多尔·卢梭的《春》中的景象。

巴比松是一个非常可爱的小镇，主街上有不少品位不错的画廊，还有一个巴比松博物馆。这个地方因为19世纪时有一群画家聚居于此而远近闻名，风景画家卢梭和米勒在这里建立了巴比松画派。1849年，米勒因巴黎动乱携妻儿搬到巴黎近郊、邻近枫丹白露森林的巴比松村定居，一边画画，一边耕作，先后画出了《播种者》《拾穗》和《晚祷》。米勒的画取材于日常生活的真实画面，宁静、细腻、安详、充满田园诗般的乡村风情。他的笔调轻柔，光色处理恰到好处，以描绘乡村风俗画中感人的人性光辉而在法国画坛上闻名。可是，正是这位大师——九个孩子的父亲，当年穷困潦倒到一幅画只能给孩子换一双鞋子！

夕阳西下，巴比松一望无际的田野与春风吹过的云霞，将时空的张力演绎到极致——过去与未来，其实都在当下的此时此刻。在巴比松小镇上的一个小教堂里，门口的布告板上贴着米勒的《晚祷》，两

卢浮宫全景图（闵捷摄）

位老人静静地坐在教堂的前排祷告。悠扬的音乐萦绕耳边，内心的宁静瞬间呼应上大自然永恒的主题——我好像忽然明白那些画家们为什么选择了这里。

六

2月6日上午，我终于走进了卢浮宫。因为恐袭事件，卢浮宫关闭了一天，这天又重新开放了。没来巴黎之前，我一直以为卢浮宫真的是一座"宫"，来了之后发现卢浮宫实际占了整整一个街区，一眼望过去，是一座艺术之城！

如果国王是位收藏家，而且一代又一代承继200年，那会怎样？看看卢浮宫就知道。从开明君主弗朗索瓦一世开始，到路易十六200多年间，卢浮宫收藏了6000多幅13世纪到19世纪初的绘画作品。因为时间有限，我着重看了意大利和法国的绘画作品，真是叹为观止，其中我觉得最震撼的是那幅近10米长的《拿破仑一世加冕大典》，这幅画在枫丹白露宫也一再被提及，画面表现的实际上是拿破仑为皇后约瑟芬加冕的情景，真实地再现了1804年12月2日在巴黎圣母院举行的加冕仪式，场面宏大，人物众多，堪称史诗般的鸿篇

巨制。

　　下午拜访了巴黎中华文化中心的吴钢先生，他在巴黎工作、生活了二十多年，与朱德群先生关系密切，并且出版过一本传记《朱德群》。我们在他的办公室里，聊起了2003年他策划和经办朱德群为上海大剧院创作《复兴的气韵》的经过。此前我以为对这件事的来龙去脉已经非常清楚了，未曾想其实还漏过了一个重要信息：原来，朱德群这幅9米长、4米宽的巨幅油画《复兴的气韵》是无偿捐赠给上海大剧院的！怪不得朱德群说要把最好的作品留在祖国，是他把最好的作品捐赠给了祖国！说它价值连城真是一点也不过分。

七

　　七天的巴黎之行转眼就到了尾声，在巴黎戴高乐机场回望巴黎，天色依然是灰灰的、阴沉的——又是一个微雨的早晨。巴黎的确是一个充满魅力的城市，不仅风景如画，而且无数不知名的小街小景，都那么值得玩味。在巴黎你随处可以找到散步之处——可以沿着塞纳河，也可以循着圣日耳曼大道，或者西提岛上的小街小巷。小道和风景，构成了温馨而迷人的城市腔调。"它是巴黎人懒散和休闲的完美折中。"法国剧作家萨尔杜如是说。

在告别巴黎的时候，我想起我最喜爱的奥地利作家茨威格在《昨日的世界》中的一段话："没有哪一座城市像巴黎一样拥有一种天赋的本领：能使所有人在与她接近的时候感到喜悦。她曾给予我们最睿智的教诲、最杰出的榜样；同时她又让每一个人享受充分的自由和创造力，使每一个人越来越充实自己——她今后还能把赐予我们的这一切再赐予我们的后代吗？"

再见巴黎！我还会再来。